웰다잉 강의 잘하는 법

10년 차 웰다잉 강사가 알려주는

웰다잉 강의
잘하는 법

강원남 지음

우리는

함께 죽음을

이야기해야 한다

죽음을 아프지 않게 전하는 웰다잉 교육법

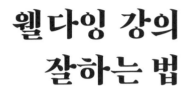

마인드
빌딩

프롤로그: 죽음을 굳이 배워야 하나요?

죽음을 가르치는 일을 합니다. 정확히는 '잘 죽는 법'을 가르치고 있습니다. 죽어본 적 없는 사람이 죽음을 가르친다니, 이론상으로는 앞뒤가 맞지 않는 말입니다. 그러나 인간이라면 누구나 죽음을 겪습니다. 우리 곁에는 늘 죽음이 있습니다. 신문, 방송, 인터넷 언론매체는 매일 누군가의 죽음을 전합니다. 먼 나라의 전쟁부터, 교통사고, 산업 현장 노동자, 정치인, 그리고 연예인의 죽음까지, 매일 죽음을 접합니다. 멀게만 느껴지던 죽음은 언젠가 우리 곁으로 찾아옵니다. 부모, 형제, 배우자, 자녀 등 사랑하는 이들을 떠나보내게 됩니다. 그리고 끝에는 나의 죽음을 마주합니다. 이처럼 죽음은 누구도 겪어보지 않았지만, 누구나 겪어야 하는 일입니다. 그러므로 준비가 필요합니다. 준비해야 잘 죽을 수 있습니다.

결국 죽게 된다면 우리는 어떻게 살아야 할까요? 철학의 지향점은 죽음입니다. 우리가 철학을 공부해야 하는 이유는 다음의 세 가지 질문에 대해 답을 얻을 수 있기 때문입니다. '나는 누구인가?', '어떻게 살 것인가?', '어떻게 죽을 것인가?' 우리는 죽음 앞에서 가장 진실됩니다. 스스로를 속일 수 없습니다. 죽음이라는 저울 위에 고민을 올려놓으면 중요한 것과 중요하지 않은 것이 자연스럽게 가려집니다. 어떤 삶이 보다 의미 있는지 구분됩니다. 따라서 죽음이 무엇인지를 알게 되면 어떻게 살아야 후회가 없을지 알 수 있습니다. 사람은 살아온 모습 그대로 죽음을 맞이합니다. 삶의 모습이 곧 죽음의 모습으로 이어집니다. 죽음을 공부하면 우리는 더 잘 살 수 있습니다. 그러니 근본적으로 삶을 가르치고 있다고 말할 수 있겠습니다.

죽음이 두려워 공부를 시작했습니다. 유년 시절, 문득 부모님이 세상을 떠나면 어떻게 될까, 하는 두려움에 어머니 품에 안겨 울었습니다. 고등학생 시절, 잠들기 전이면 죽음에 대한 두려움이 머리맡에 자리 잡았습니다. 잠들지 못하고 뜬눈으로 밤을 지새웠습니다. 대학생 시절, 가족과 주위 사람들이 힘겹게 죽음을 맞는 모습을 보았습니다. 안타까웠습니다. 그래서 죽음을 공부하기 시작했습니다. 피하지 말고 마주하자, 용기를 냈습니다. 스물다섯의 일이었습니다. 죽음에 관한 책을 읽고, 죽음에 관한 가르침을 찾아다녔습니다. 호스피스 봉사활동을 하며 죽음을 조금 더 가까이 바라볼 수 있었습니다. 타임지에서 선정한 20세기 100대 사상가이자, 미국의 대표적인 죽음학자인 엘리자베스 퀴블러로스는 다음과 같은 말을 했습니다. "죽어가는 이들의 이야기에 귀를 기울여라. 그러면 그들은 당신이 어떻게 살아가야 할지에 대해서 말해줄 것이다." 죽음을 공부하며 삶의 마지막 순간까지 의미 있게 살아가는 분들을 만날 수 있었습니다. 스스로 준비하여 좋은 죽음을 맞이한 분들을 접할 수 있었습니다. 죽음은 끝이 아니며 죽음 앞에서도 인간은 성장할 수 있는 존재임을 깨달을 수 있었습니다. 죽음에 관한 공부는 저의 삶을 바꾸었습니다.

눈이 뜨이고 귀가 열리니 배운 내용을 사람들과 나누고 싶었습니다. 그러나 사람들은 죽음을 이야기하는 것을 꺼렸습니다. 자신과는 상관없는 일이라 여겼습니다. 죽음을 앞두고도 자신은 죽지 않는다 믿었습니다. 사랑하는 이를 떠나보내고도 고인을 추억하면 더욱 슬퍼질 것 같아 침묵으로 일관했습니다. 죽음을 입 밖으로 꺼내면, 당장 벌어질 일처럼 불편해했습니다. 오직 삶을 이야기했습니다. 하지만 죽음을 이야기하지 않는 삶은 가벼웠고, 삶을 이야기하지 않는 죽음은 무거웠습니다. 오랜 고민 끝에 사람들과 죽음을 얘기하며 살아보자고 다짐했습니다. 그런 일을 하면, 삶의 끝에 후회하지 않을 것 같았습니다. 사람들에게 말했습니다. 낯설고 불편하지만 죽음에 대해서 말해도 된다, 손을 잡고 같이 이야기 나누자, 죽음이 두려운 이유는 모르기 때문이다, 알게 되면 덜 두려울 것이다, 미소 지으며 죽음을 맞이한 이들도 있다. 떠나간 이들을 추억하며 웃어도 된다고 진심을 전하고 싶었습니다.

긴 시간 죽음을 공부했지만, 사람들 앞에서 죽음을 말하는 것은 또 다른 문제였습니다. 언젠가 웰다잉 교육 기관을 설립하고 싶다는 꿈이 생겼습니다. 꿈을 이루고자 노인복지관 사회복지사로 입사하여 실무 경험을 쌓았습니다. 퇴사 후 행복한 죽음 웰다잉 연구소를 개소하였고, 34살의 나이에 웰다잉 강사로 어르신들 앞에 섰습니다. 공부를 하고 경험이 있다 한들, 새파랗게 젊은 청년이 백발이 서린 노인들 앞에서 죽음을 이야기하는 모습은 어색한 광경이었습니다. 잘 죽는 법을 알려준다는 수업이라기에 들어오셨던 어르신들께 "젊은 것이 얼마나 살아봤다고 감히"라는 말을 듣는 것은 예사였습니다. 건강 정보, 레크리에이션, 웃음 치료, 치매 예방 등의 수업과 죽음을 이야기하는 것은 전혀 다른 문제였습니다.

어르신들의 눈높이에 맞는 이론과 사례를 찾아가며 무작정 부딪쳤습니다. 그 방법밖에는 없었습니다. 그러자 점차 고개를 돌리셨던 분들이 저를 쳐다보았고, 찡그린 표정이 아닌 미소를 볼 수 있게 되었습니다. 눈물을 참던 이들이 눈물을 흘렸습니다. 무엇보다 수업을 마치면 "잘 살겠습니다" 인사하며 다시 삶을 계획했습니다. 조금 더 편안하게 죽음에 대해 이야기 나눌 수 있게 되었습니다. 그러다 보니 어느새 10년이라는 세월이 흘렀습니다. 10년의 학습과 실천. 돌아보니 제주도에서 철원, 덕적도, 강원도 고성까지, 전국에서 수천 명의 사람을 만났습니다. 죽음에 대해 함께 이야기 나누고 싶다는 꿈을 마침내 이루었습니다.

하지만 여전히 죽음에 대한 수업을 진행하는 것은 어렵습니다. 한 번도 쉬운 적이 없습니다. 매번 교육이 똑같을 수는 없습니다. 교육 내용은 같지만, 진행은 달라야 했습니다. 또 진행은 다르지만, 목표하는 바는 같아야 했습니다. 목적지가 명확해야 길이 바뀌어도 헤매지 않을 수 있습니다. 결국 좋은 교육이란 환경과 대상이 바뀌어도 듣는 이를 목적지로 안내하는 것이었습니다.

언젠가부터 저와 같은 꿈을 꾸는 분들이 늘어났습니다. 죽음을 얘기하고 싶다는 꿈 하나로 강사로서 첫발을 내딛지만, 생각보다 더 힘들고 어려운 길입니다. 고민 끝에 제게 연락까지 합니다. 꿈을 이루고자 웰다잉 강사 자격증을 취득했지만, 수업을 어떻게 하는지 배운 적이 없다고 합니다. 강의 준비는 어떻게 해야 하는지, 효과적인 전달 방법은 없는지, 낯설고 어려운 상황들을 어떻게 헤쳐 나가야 하는지 묻습니다. 또 교육 기관, 복지시설, 지방자치단체 교육 담당자도 어떤 자격의 웰다잉 강사가 적합한지, 웰다잉 교육을 어떻게 계획하고 진행해야 하는지 자문을 요청하기도 합니다. 그래서 이 책을 쓰게 되었습니다. 저의 경험이 누군가에게 작은 디딤돌이 되기를 바라는 마음으로 출발했습니다.

이 책은 웰다잉 강사를 준비하거나 시작하는 강사, 혹은 평생학습 기관, 노인 대상 기관에서 프리랜서 강사로 첫발을 내딛는 분들에게 도움이 되고자 쓰게 되었습니다. 웰다잉 교육에 대한 원활한 이해를 위해 학문적, 이론적 배경을 토대로 하지만, 더불어 제 개인적인 경험과 노하우를 보태어 실용적인 도움을 드리고자 노력했습니다. 읽으면서 부족한 점이 있다면, 저자의 개인적인 경험임을 알아주시고, 너른 마음으로 살펴주시면 감사하겠습니다. 책에서 언급하는 웰다잉 교육의 주 대상은 노인이며, 장소는 사회복지관, 노인복지관, 평생학습 시설, 도서관 등입니다. 책의 내용은 웰다잉 강사가 되기 위한 준비 과정, 교육 계획, 강의 진행, 발전 방향에 관한 이야기를 담았습니다. 부디 각자의 자리에서 실천할 수 있는 아이디어와 영감을 얻으셨으면 합니다. 이 책과 더불어 각자의 경험을 더해 더욱 완성도 있는 웰다잉 교육을 진행할 수 있기를 희망합니다.

웰다잉 강사로 활동하며 두 권의 개인 저서와 세 권의 공저를 집필하였습니다. 작가라는 이름은 늘 어색했고, 이름이 새겨진 책은 부끄럽기만 했습니다. 그렇지만 책을 쓰며 많은 공부를 한 덕분에 성장할 수 있었습니다. "앞으로의 삶을 더 잘 살고 싶어졌다"는 후기를 들은 적 있습니다. 이 책을 통해 더 나은 웰다잉 강사가 되고 싶어졌다는 후기를 들으면 기쁠 것 같습니다. 읽어주셔서 고맙습니다.

웰다잉 플래너 강원남 드림

목차

4장 웰다잉 교육, 어떻게 홍보해야 할까요?

5장 웰다잉 교육, 어떻게 나아가야 할까요?

1장

웰다잉 강사,
어떻게 될 수 있나요?

웰다잉, 왜 공부하고 싶으세요?

아마 이 책을 펼친 분들이라면 웰다잉에 관심이 있으실 겁니다. 웰다잉이란 게 뭘까? 잘 죽으려면 무엇을 준비해야 할까? 궁금함을 가지고 본격적으로 웰다잉을 공부하거나, 웰다잉 강의를 하겠다고 다짐하는 분들일 겁니다.

그렇다면 여러분이 웰다잉을 공부하고자 하는 이유는 무엇인가요? 웰다잉 교육은 말 그대로 좋은 죽음, 죽음을 공부하는 교육입니다. 그래서 웰다잉 교육은 이전에는 죽음준비교육이라는 표현을 사용했습니다. 여러분은 왜 많은 주제 중에 하필 죽음을 공부하려 하시나요?

죽음을 공부하는 여러 목적이 있습니다. 저는 죽음이 무섭고 두려웠습니다. 주위 사람들이 안타깝게 죽음을 맞는 모습을 보며 죽음을 공부하기 시작했습니다. 어떤 분들은 사별의 고통을 겪으며 죽음이란 무엇인지 관심을 갖게 되었다고 합니다. 학자 중에는 여러 학문을 공부하다 보니, 종착지인 죽음을 공부하게 되었다는 분들도 있습니다. 혹은 고령 인구의 증가로 노인을 대상으로 한 평생학습이나 웰다잉 교육 시장이 넓어질 것 같아, 전망을 보고 뛰어들었다는 현실적인 이야기를 하시는 분들도 있습니다.

이처럼 각자의 이유로 죽음을 공부하는 사람이 늘어나고 있습니다. 제가 공부를 시작한 20년 전에는 서점에서 죽음에 관한 책을 찾아보기 힘들었습니다. 대학에서도 죽음을 가르치는 강좌가 없었습니다. 한림대학교에서 전국 최초로 생사학(生死學) 연구소를 개소하였고, 저는 운명처럼 생사학과 인연을 맺게 되었습니다. 이후에도 한림대학교는 전국 최초로 생사학 전공 융합대학원 과정을 개설하였습니다. 기존의 장례지도학과 같이 죽음을 다루는 전공은 인문학적인 관점에서 죽음을 총체적으로 접근하는 생사학과는 결이 조금 달랐습니다. 생사학이 죽음을 주제로 철학, 의학, 사회복지학, 심리학, 간호학, 법학 등 다양한 학문으로 구성되어 있는 융합 학문인 반면에, 장례지도학은 상장례 중심 위주로 교육이 구성되었습니다. 민간 영역도 지금처럼 웰다잉 자격 과정이 활발하지 않았습니다. 가장 역사가 오래된 각당복지재단만이 일반인을 대상으로 한 죽음준비교육 과정을 진행하였을 뿐, 다른 기관에서는 찾아보기 어려웠습니다.

하지만 최근에는 죽음에 관한 책들이 출판되고 있습니다. 철학, 의학, 역사, 에세이, 소설까지, 다양한 분야의 책들이 나와 반갑습니다. 죽음과 관련된 영화나 드라마, 다큐멘터리, 웹툰 역시 쉽게 찾아볼 수 있습니다. 대표적으로 영화화된 웹툰 〈신과 함께〉가 있습니다. 〈신과 함께〉는 우리나라 전통의 생사관을 잘 드러낸 작품으로 죽음이 훌륭한 콘텐츠가 되었고 많은 관심을 받았습니다.

국가 정책을 살펴보면 2009년 무의미한 연명의료를 중단하고 돌아가신 김 할머니 사건을 시작으로, 호스피스·완화의료 및 임종 과정에 있는 환자의 연명의료결정에 관한 법률이 제정되었습니다. 2018년 2월부터 연명의료결정법이 시행되면서 존엄한 죽음을 위한 첫걸음을 내디뎠으며 연명의료결정제도를 통해 미리 사전연명의료의향서를 작성할 수 있게 되었습니다. 사전연명의료의향서는 19세 이상이면 누구나 작성이 가능하며, 자신이 임종 과정에 있는 환자가 되었을 때를 대비하여 연명의료 및 호스피스에 관한 의향을 문서로 작성해 두는 것을 말합니다. 사전연명의료의향서 작성자는 해마다 증가하고 있으며, 웰다잉에 대한 관심을 촉발하는 데 많은 영향을 미쳤습니다. 이후에도 정부 및 지방자치단체에서는 '웰다잉 조례' 제정을 통해 좋은 죽음을 위한 제도적 발판과 정책을 수립하기 시작했습니다.

이와 같은 노력은 민간에서도 함께 이루어졌습니다. 다양한 민간단체에서 일반 시민들을 대상으로 '웰다잉 교육'을 진행하고 있으며, 나아가 '웰다잉 강사' 과정이 개설되어 전문 강사를 배출하고 있습니다. 일정 시간 교육을 이수하면 민간 자격증 취득이 가능하고, 기관에 파견되어 강의를 할 수 있습니다. 2020년에는 전국 40여 개의 단체가 모여 죽음 교육의 체계적인 기반을 마련하고, 우리 사회에 올바른 죽음 문화를 정착시키는 데 뜻을 모아 한국죽음교육협회를 창립하기도 하였습니다. 웰다잉에 대한 사회적 관심은 점차 확대되고 있습니다.

그럼에도 웰다잉, 죽음이라는 주제는 쉽지 않습니다. 인간은 본능적으로 죽음을 믿지 않습니다. 정신분석 심리학자인 프로이트는 다음과 같이 말했습니다. '근본적으로 어느 누구도 진심으로 자기 자신의 죽음을 믿지 않는다. 우리는 누구나 무의식 속에서 자기 자신의 불멸을 확신한다.' 이처럼 인간은 스스로의 죽음을 믿지 않습니다. 그러나 자신의 죽음을 이해할 수 없다면, 남들에게 전할 수도 없습니다. 나의 문제를 해결하지 못하면 남들의 문제를 해결해 줄 수 없는 것과 같습니다. 그러므로 웰다잉 공부는 스스로의 죽음을 구체적으로 떠올리는 것부터 시작해야 합니다. 죽음이란 무엇인지, 나는 왜 죽음을 공부하려 하는지, 어떻게 해야 좋은 죽음을 맞이할 수 있을지, 무엇을 준비해야 하는지, 주위 사람들과의 이별을 어떻게 준비해야 하는지, 사별의 슬픔을 겪고 있는 이들을 어떻게 위로할 수 있을지 고민해야 합니다. 결국 웰다잉 공부는 자신의 죽음을 준비하는 과정에서 시작됩니다.

죽음 태도에 영향을 미치는 첫 번째는 '내가 생각하는 죽음이란 무엇인가'입니다. 즉 죽음이란 무엇인지 스스로 정의 내리는 데서 출발합니다. 죽음을 '끝'이라고 생각하는 사람과 '새로운 세상의 시작'이라고 생각하는 사람은 죽음을 대하는 태도에서 분명한 차이를 보입니다. 그러므로 내가 죽음에 관해서 어떻게 생각하는지, 즉 나의 생사관(生死觀)이 죽음 태도를 좌우합니다. 그래서 웰다잉 교육은 교육생들이 스스로 죽음에 대해서 무엇이라고 생각하는지, 각자의 생사관을 만들어 나가는 데서 출발합니다. 생사관에

주어진 정답은 없습니다. 각자가 생각하는 죽음이 있을 뿐입니다. '주여, 우리에게 각자 알맞은 죽음을 허락하소서.' 철학자 릴케가 말했습니다. 인간은 각자의 생사관에 따라 죽음을 맞이합니다. 그러나 생사관은 죽음에 대한 가치관만을 뜻하지 않습니다. 죽음의 모습은 삶의 모습에서 출발합니다. 따라서 삶에 대한 가치관은 죽음에 대한 가치관으로 귀결됩니다. 결국 우리는 웰다잉 공부를 통해 어떻게 살아야 하는지까지 생각해 볼 수 있습니다.

이 책을 읽고 계신 분들이 웰다잉, 죽음에 대한 궁금증으로 공부를 시작했듯이, 웰다잉 수업의 교육생들도 같은 마음으로 수업에 참여할 것입니다. 자신의 죽음을 준비하거나 부모 혹은 배우자를 간병하며 이별을 준비하는 분들도 있을 겁니다. 사별의 슬픔으로 수업에 참여하는 분들도 있을 겁니다. 반면 죽음에 대해 불편해하거나 전혀 관심이 없는 분들도 있을 겁니다. 웰다잉 강사는 이런 분들을 모시고 수업을 진행합니다. 그렇다면 우리는 강사로서 그들에게 어떤 이야기를 해줘야 할까요? 또 어떻게 각자의 생사관을 확립할 수 있도록 도울 수 있을까요?

무엇보다 이것만은 확실히 말해야 합니다. 죽음은 두렵고 무섭지만, 공부해 보니 함께 이야기할수록 덜 두려워진다고. 우리는 모르기 때문에 무서워지고, 과정을 알고 준비한다면 덜 무서울 수 있다고. 죽음을 공부한다면 더 잘 살 수 있으니, 함께 얘기해 보자고 말입니다. 웰다잉 교육의 목표는 죽음을 책상 위에 올려놓고 함께 이야기하는 데서부터 출발합니다. 따라서 웰다잉 공부는 삶과 죽음을 부지런히 성찰해야 하는 과정입니다. 가장 가까운 나의 이야기부터 출발해 답을 찾아야 합니다. 그래야 답을 찾는 누군가를 도울 수 있기 때문입니다.

웰다잉 강사로 돈을 벌 수 있나요?

웰다잉 강사로 활동하기를 희망하는 분들이 궁금해하는 것 중 하나는 바로 수입입니다. 강의만으로 생계가 유지되는지를 많이 묻습니다. 많은 분이 다양한 계기로 웰다잉 공부를 시작합니다. 아마 이 책을 읽고 있는 분 중에도 그런 분들이 많을 것 같습니다. 새로운 직업으로 웰다잉 전업 강사를 희망하는 분, 은퇴 이후 제2의 직업을 꿈꾸는 분, 전공 분야의 강사로 활동하면서 웰다잉 강사 경력도 쌓고자 하는 분, 직장을 정년퇴직하고 사회 환원과 봉사 차원으로 희망하는 분 등 다양합니다. 지금 직업이 있는 경우엔 고정 수입이 있고, 정년 퇴직 이후 봉사로 강의를 하는 경우엔 연금 및 은퇴자금이 있기에, 생계가 그다지 중요하지 않습니다.

웰다잉 강사로 돈을 벌 수 있습니다. 어떤 노동이든 이에 상응하는 보상이 주어져야 합니다. '경제적 보상은 없지만 보람이 있기 때문에 웰다잉 강사로 활동하는 게 좋다'라는 분도 있겠지만, 반대로 자신이 활동한 만큼 경제적 보상을 희망하는 분들이 대다수일 것입니다. 그런 점에서 말씀드리면 웰다잉 강사로도 돈을 벌 수 있습니다. 그 이유는 무엇일까요?

첫째, 우리나라는 현재 초고령 사회로 접어들고 있습니다. 노인 인구가 점점 늘어나고 있으며, 이에 따라 노인을 위한 평생 교육의 중요성도 강조되고 있습니다. 스위스의 의사이자 작가인 폴 투르니에는 노년기 죽음 교육의 필요성을 다음과 같이 강조했습니다.

'나는 노년의 수용과 죽음의 수용을 분리할 수 없다. 이 두 문제는 서로 너무 밀접하게 연관되어 있어서 노년을 수용하는 것이 죽음에 대한 최선의 준비이며, 역으로 죽음을 수용하는 것이 노년에 대한 최선의 준비이다.' 이처럼 웰다잉 교육은 생애 주기적 관점에서 노인을 대상으로 한 중요한 커리큘럼으로 자리 잡을 것입니다.

둘째, 웰다잉에 대한 사회적 인식이 점차 확산하면서 웰다잉 문화 조성을 위한 조례와 정책들이 수립되고 있습니다. 이와 같은 정책을 뒷받침하기 위한 정부 예산도 늘어나고 있습니다. 예산은 사업 증대와 인력 확산으로 이어집니다. 따라서 웰다잉 교육 시장은 앞으로 점차 커질 예정입니다.

셋째, 노인 인구의 증가는 임종기 돌봄 및 의료비용의 증가로 이어집니다. 임종 과정에 있어 투병 기간이 길어질수록 그에 따른 비용도 늘어납니다. 조사에 따르면 대한민국 임종기 환자의 80% 이상이 병원에서 죽음을 맞이합니다. 평생 쓰는 병원비의 50%를 죽기 한 달 전에 지출하며, 25%를 죽기 3일 전에 지출하는 것으로 조사되었습니다. 이와 같은 의료비용의 증가로 가족과 사회의 경제적 부담이 높아집니다. 무의미한 연명의료를 중단하고 존엄한 죽음을 맞이하고자 하는 노인들이 점차 늘어나는 추세에는 이와 같은 이유도 간과할 수 없습니다. 연명의료결정제도를 통해 무의미한 연명의료를 중단할 수 있지만, 중단 이후 임종을 맞이하기까지 신체적, 심리적, 영적, 사회적 고통을 완화할 수 있는 호스피스 완화의료 시설은 절대적으로 부족한 현실입니다. 존엄하지 못한, 고통스러운 죽음이 늘어나면서 국민들은 이에 대한 탈출구로 조력존엄사, 소위 말하는 안락사법 제정을 요구하고 있습니다.

게다가 우리나라는 OECD 국가 중 16년째 자살률 1위를 기록하고 있습니다. 1인 가구가 점차 증가하면서 무연사 및 고립사, 소위 말하는 고독사로 사망하는 이들도 늘어나고 있습니다. 환자, 보호자는 임종이 다가오면 무엇을 준비해야 하고 어떤 도움을 받을 수 있을지, 또 사별 이후 슬픔을 위로받을 수 있는 제도적 지원에 대해 알지 못합니다. 세월호 참사, 이태원 사고, 코로나, 제주항공 사고와 같은 사회적 재난에 대처하는 경험 부족과 사별 유가족에 대한 지원도 미비합니다. 따라서 죽음, 즉 웰다잉과 관련된 각계각층의 다양한 전문가가 필요한 실정이며, 이는 웰다잉 교육의 확산과 제도 수립으로 이어질 것입니다. 웰다잉 교육 시장은 커져야만 합니다.

2014년 4월, 행복한 죽음 웰다잉 연구소를 개소하고 웰다잉 강사로 본격적인 활동을 시작했습니다. 첫해 수입은 300만 원이었습니다. 시간당 3만 원의 강사료를 받고 서울에서 인천, 강원, 경기도까지 교육을 다녔습니다. 오랜 시간 웰다잉 공부를 했고, 노인복지관에서 사회복지사로 근무한 경력이 있었지만, 웰다잉 강사의 경력은 짧았기에 충분한 강사료를 받을 수 없었습니다. 때론 강사비 없이 재능기부나 봉사로 교육을 요청하는 곳도 있었습니다.

웰다잉 연구소 개소 후 3년까지는 경제적으로 많은 어려움을 겪었습니다. 회사에서 받았던 퇴직금은 바닥이 났고, 은행 대출과 마이너스 통장으로 생계를 이어갔습니다. 은행 대출 역시 프리랜서로서의 수입이 일정치 않다는 이유로 연장되지 않았습니다. 다음 해는 연간 수입 1,200만 원, 그다음 해는 2,400만 원으로 점차 수입이 많아졌지만, 여전히 일반 직장인들보다는 낮은 수준이었습니다. 그러나 경력이 쌓이고 인지도가 점점 높아지면서 5년, 6년 차에는 4,800만 원, 이후에는 이전 연봉 수준으로 회복할 수 있었습니다.

그러나 7년 차에 코로나가 발생하며 모든 웰다잉 교육이 취소되었고, 교육 의뢰조차 오지 않았습니다. 국가적 재난이므로 모두가 어려운 시기를 보냈습니다. 수입은 점차 줄었고, 정부에서 지원하는 소상공인 정부 지원금과 은행 대출, 마이너스 통장으로 생계를 유지할 수밖에 없었습니다. 물론 유튜브, ZOOM과 같은 온라인 플랫폼을 활용한 교육이 진행되었지만, 컴퓨터 및 스마트폰 활용이 어려운 어르신들은 참여조차 쉽지 않았습니다. 교육 접근성이 낮을 수밖에 없었습니다.

지금은 기업에 근무하는 중간관리자 수준의 수입을 얻고 있습니다. 코로나와 같은 특수한 경우를 제외하고 10년간의 수익을 평균적으로 본다면, 직장인의 수입은 된다고 볼 수 있습니다.

웰다잉 교육을 통해 수입을 얻었다는 건, 그만큼 강의를 위해 전국을 돌아다녔다는 반증이기도 합니다. 이는 곧 웰다잉 교육의 수요처가 늘어났다는 뜻이며, 웰다잉 교육을 위해 기꺼이 비용을 지불하겠다는 기관도 늘어났다는 것입니다. 그리고 이는 기관의 요구에 부응하는 교육 커리큘럼과 콘텐츠를 제공했다는 사실이기도 합니다. '재능기부 차원에서 무료로 강의를 해줄 수 있는 강사와 강사료를 지불하고 초빙해야 하는 강사 중에, 후자를 선택하는 이유가 있다면 무엇일까?'에 대한 답을 드리고자 했습니다. 강사료에 걸맞는 교육을 진행하고자 노력하고 있습니다.

웰다잉 교육, 좋은 교육임이 틀림없습니다. 그리고 시대적, 사회적 필요성도 충분합니다. 비즈니스적 입장에서 접근하면 앞으로의 시장성도 충분합니다. 하지만 좋은 교육이라 하더라도, 경제적 대가가 충분하지 않다면 지치고 힘들 수밖에 없습니다. 오래 할 수 없습니다. 누구나 자신이 하는 일에 있어서 경제적으로 인정받기를 원하기 때문입니다. 저는 웰다잉 강사로 활동하는 분들이 좋은 교육을 진행하고 이에 맞는 경제적 보상을 받기를 바랍니다. 제가 경험한 바로 앞으로 그럴 가능성은 충분합니다. 다만 웰다잉 강사 스스로 좋은 콘텐츠를 개발하고 수준 높은 교육을 진행하고자 노력할 때 가능한 일일 것입니다.

많이 아는 것과 잘 전달하는 것은 다릅니다

때로는 저란 사람이 죽음에 대해 무엇을 안다고 감히 강사로 활동하고 있을까 생각이 들기도 합니다. 저는 병원에서 환자를 보살피는 의료인도 아니고, 호스피스 완화의료 시설에서 마지막을 보살피는 돌봄 전문가도 아닙니다. 고인의 장례식을 치르는 장례지도사도 아니며, 사별의 슬픔을 위로해 주는 전문 상담가도 아닙니다. 또 죽음 이후의 세계에 대해 답을 알려주는 성직자도 아닙니다. 그렇다고 오랫동안 죽음을 연구해 온 학자, 연구자도 아닙니다. 그럼 당신은 무슨 자격으로 웰다잉과 죽음에 대해 강의하느냐 물어보면 할 말은 없습니다. 모두 맞는 말이기 때문입니다.

저는 죽음을 모릅니다. 아직 죽어보지 않았기 때문입니다. 그럼에도 불구하고 저는 세 가지 사실은 확실히 알고 있습니다. 인간이라면 반드시 죽는다는 것, 내가 사랑하는 이들도 죽는다는 것, 나역시도 마찬가지라는 것. 이 변하지 않는 사실을 아는 것만으로도 저는 죽음에 대해 안다고 생각합니다.

그래서 우리는 웰다잉 강사로 활동하기에 앞서, 과연 나는 죽음에 대해 얼마나 알고 있는지 스스로 질문해 볼 필요가 있습니다. 짧은 자격증 공부만으로 웰다잉과 죽음에 대해 통달한 것처럼 말하는 강사들이 있는 반면에, 오랜 공부와 경력을 갖고 있음에도 죽음에 대해 신중하고 조심히 말하는 강사들도 있습니다. 웰다잉 교육 현장에서 접하게 되는 임종의 모습들, 보호자의 어려움, 사별자의 슬픔을 접하면 한마디의 위로조차 조심스럽고 어렵습니다. 신중해야 합니다. 잘못된 정보를 전달하거나 죽음을 별것 아닌 것처럼 가볍게 이야기하는 것, 비관주의나 허무주의, 쾌락주의로 빠지는 경우를 경계해야 합니다.

그러므로 죽음에 대해 많이 아는 것과 잘 전달하는 것은 다릅니다. 많이 알면서도 잘 전달하지 못하는 경우가 있습니다. 가끔 죽음에 대해 오래 연구해 온 분들을 모시고 특강을 진행할 때가 있습니다. 하지만 너무 학문적인 나머지 죽음이 난해하고 어렵고 추상적인 대상이 됩니다. 오래 전 한 기관에 방문하여 교육 담당자에게 교육을 제안했을 때, 이런 말을 들었습니다. "예전에 웰다잉 교육을 진행한 적이 있는데, 너무 철학적이고 종교색이 강해 무거운 감이 있더라고요. 일회성 특강은 그래도 어떻게 진행했는데, 어르신들께서 힘들어하셨어요. 그다음부터 웰다잉 교육을 진행하기가 조심스럽더라고요. 복지관을 이용하는 어르신들께 맞지 않는 것 같아요."

웰다잉과 죽음에 대해 가볍게 대하는 것은 조심해야 합니다. 그러나 죽음이라는 주제를 지나치게 무겁게 전달하는 것도 문제가 됩니다. 철학적이거나 형이상학적, 종교적인 경우도 마찬가지입니다. 처음엔 저도 공부하며 배운 이론과 철학적 개념들을 써놓고 읽기에 바빴습니다. 그러다 보니 교육에 참여한 어르신들은 지루해하거나 졸음에 빠졌습니다. 더욱이 어린 강사가 와서 죽는 이야기를 하니 시큰둥했고, 무례하다고도 생각하셨습니다. 시행착오를 겪으며 방향을 수정한 뒤 교육을 재구성했습니다. 강사 과정, 혹은 학교에서 배웠던 커리큘럼을 대폭 수정했습니다. 타인의 교육 자료를 그대로 활용하지 말자 다짐했습니다. 무겁지만 가볍게, 의미있지만 즐겁게, 이론을 바탕으로 다양한 사례들을 엮어 어르신들의 눈높이에 맞게, 일상생활에서 쓰는 입말로 전달하기 위해 노력했습니다. 외국인 학자의 이론으로 빼곡했던 파워포인트를 지우고, 이야기와 사진, 동영상과 같은 멀티미디어 자료를 활용하여 교육을 진행했습니다. 어르신들께 묻고 답하며 서로 자연스럽게 이야기를 나누었습니다. 잘 살다가 잘 준비해서 가고 싶다는 소감을 말씀해 주셨습니다.

어떤 웰다잉 강사가 되고 싶냐는 질문을 받을 때가 있습니다. 축구로 예를 들자면 훌륭한 축구선수보다 축구를 재미있게 즐길 수 있도록 설명하는 해설가가 되고 싶습니다.

축구를 잘하는 사람이 해설을 잘하는 것은 아닙니다. 축구를 잘하지 못해도 노력한다면 해설을 잘할 수 있습니다. 축구의 역사나 규칙, 선수의 스토리, 구단의 역사와 같은 배경을 자세히 알고 흥미롭게 전달한다면 훌륭한 해설가가 될 수 있습니다. 그런 웰다잉 강사가 되고 싶습니다.

공자와 제자들의 이야기가 담긴 〈논어〉에는 다음과 같은 구절이 있습니다. '지지자(知之者)는 불여호지자(不如好之者)요, 호지자(好之者)는 불여락지자(不如樂之者)라.' 알기만 하는 사람은 좋아하는 사람만 못하고, 좋아하는 사람은 즐기는 사람보다 못하다는 뜻입니다. 죽음에 대해 아는 사람은 죽음을 좇는 사람만 못하고, 죽음을 좇는 사람은 죽음에 관해 이야기를 즐겨 하는 사람만 못하다는 뜻으로 웰다잉 강사에게 바꿔 적용하고 싶습니다.

많이 아는 것과 잘 전달하는 것은 다릅니다. 그러나 이 한 가지 사실만 안다면 우리는 잘 전달할 수 있습니다.

수업을 듣는 당신도, 수업하는 나도, 그리고 우리 곁에 있는 이들도 언젠간 세상을 떠난다는 것, 그리고 그때가 언제일지는 아무것도 모른다는 것, 그러므로 준비가 필요하다는 것, 사람들의 배웅 속에서 평화로운 죽음을 맞이한 이들도 많다는 것, 그러기 위해서는 함께 꺼내놓고 이야기해야 한다는 것. 그것만 명확히 안다면 우리는 웰다잉을 잘 전달할 수 있습니다.

좋은 교육 기관을 찾아 공부하세요

웰다잉 강사가 되기로 마음먹었다면 우선 웰다잉 교육과 관련된 전문 교육을 받아야 합니다. 물론 책과 동영상으로 독학할 수 있지만, 웰다잉 교육의 분야는 광범위하고 세분되어 있어 가급적 교육 기관을 통해 시작하는 것을 추천합니다.

교육 기관은 웰다잉 교육에 필요한 전문적인 지식과 강의 기법을 교육합니다. 웰다잉 교육의 기초를 세운 후, 개인적인 노력을 더해 전문성을 쌓는 것이 수월합니다. 사회복지시설이나 평생교육기관, 도서관, 문화센터에서 강사를 섭외할 때 해당 강사의 전문성을 강사 자격증의 유무로 확인합니다. 서류를 통해 웰다잉 관련 전문 교육을 이수했는지 알 수 있기 때문입니다. 따라서 웰다잉 강사로 활동하고자 한다면 가급적 관련 교육 기관에서 웰다잉 강사 과정을 이수한 후 자격증을 발급받는 것을 추천합니다. 좋은 교육 기관을 찾아 공부하는 것이 중요합니다.

웰다잉 강사 과정을 공부할 수 있는 곳은 민간 단체와 대학교가 있습니다. 민간 단체는 웰다잉 교육과 강사 양성을 목적으로 교육합니다. 일정 시간의 교육과 훈련을 이수하면 단체의 강사 자격증이 발급됩니다. 국가 공인 자격증은 아닙니다. 민간 단체에서 발급하는 자격증이므로 기관마다 교육 과목 및 시간, 교육비, 자격증 발급 비용 등이 서로 다릅니다. 우리나라에는 지역별로 다양한 웰다잉 교육 기관이 있으며, 최근에는 지역을 넘어 인터넷으로 교육 과정을 운영하는 곳도 생겼습니다.

자신이 사는 지역이나 인근 웰다잉 교육 기관, 강사 양성 기관을 찾았다면, 가장 먼저 해당 기관에 대해 면밀히 살펴봐야 합니다. 해당 기관의 설립 연도부터 출강 기관, 교육 커리큘럼을 따져보는 것이 중요합니다. 학계 전문가와 각계각층의 유명 인사들을 섭외하여 웰다잉에 대한 이해와 폭을 넓힐 수 있는 교육을 제공하는 기관이 있는 반면, 웰다잉과는 상관없는 분야의 강사들이 교육을 진행하는 곳도 있습니다. 하루 서너 시간의 교육 과정으로 자격증을 발급해 주는 곳이 있는 반면, 2년간의 교육 과정을 마쳐야 자격증을 발급해 주는 곳도 있습니다. 자격증을 서둘러 취득하고 싶은 마음은 이해하지만, 짧은 교육을 듣고 웰다잉 강사로 활동하기에는 현실적으로 어려움이 있습니다. 시간이 걸리더라도, 웰다잉 교육의 기초부터 심화까지 꾸준히 공부할 수 있는 곳을 추천합니다.

교육 종료 이후에는 강사 활동 지원을 위한 교안 제공이나 강사로 활동할 수 있도록 일자리를 제공하겠다는 기관도 있습니다. 처음엔 기관에서 제공한 교안이 교육 진행에 도움이 되지만, 장기적으로는 강사 본인의 발전에 도움이 되지 않습니다. 강사 활동 역시 한두 번의 무급 강의 기회를 제공할 뿐, 지속적인 연계는 어렵습니다. 실제로 강사료를 받거나 수입으로 이어지는 경우는 강사 개인의 역량에 따라 다릅니다. 그러므로 교육 기관을 선정할 때는 미리 충분한 조사 후에 등록하는 것을 추천합니다. 교육 이후에도 회원들을 대상으로 보수교육이나 관련 네트워크 활동을 꾸준히 지원하는 곳이 있는 반면, 자격증 발급 이후 아무런 후속 지원도 이루어지지 않는 곳도 있습니다.

생사학에 대해 보다 더 공부하기를 희망하는 분들도 있습니다. 그럴 경우에는 생사학 전공 대학원 진학을 추천합니다. 우리나라에도 최근 여러 대학에 생사학과 관련된 학과들이 개설되고 있습니다. 생사학은 죽음이라는 주제로 인문학, 철학, 의학, 종교학, 법학, 심리학, 사회복지학, 장례지도학 등 다양한 학문적 접근을 도모합니다. 그러한 점에서 대학원 과정은 생사학에 대해 학문적으로 용이하게 접근할 수 있다는 장점이 있습니다. 자격증을 취득하지 않아도 생사학 학위를 취득한다면, 강사의 전문성을 증빙하는데 충분합니다.

그러나 이전에 언급하였듯, 많이 아는 것과 잘 전달하는 것은 다릅니다. 학위 과정을 마쳐도, 일반인들을 대상으로 강의를 하는 건 익숙하지 않을 수 있습니다. 그러니 학위 과정을 마쳤다 하더라도, 민간단체에서 강사 자격 과정을 이수하는 것이 도움이 될 것입니다.

최근에는 죽음 교육을 진행하는 민간단체와 교육 기관들이 모여 '죽음교육협회'를 창립, 통합된 교육 커리큘럼과 교재 제작, 공인 자격증 과정을 운영하기로 하였습니다. 또 웰다잉 교육이 교육 제도 내에 안착하여 공교육화될 수 있도록 다양한 노력을 하고 있습니다.

정리하자면 검증된 웰다잉 교육 기관을 통하여 첫걸음을 내딛는 것을 추천합니다만, 자격증은 최소한의 자격일 뿐입니다. 완성이 아닙니다. 결승점이 아닌 출발점입니다. 스스로 공부를 통해 관심 있는 분야의 지식을 습득하는 것이 필요합니다.

강사는 배우는 사람입니다

무엇인가를 확실히 공부하는 방법은 자신이 아는 것을 사람들 앞에서 말해보는 것입니다. 대학교에서 발표 수업을 하는 이유와 같습니다. 사람들 앞에서 공부한 것을 발표하다 보면 아는 것과 모르는 것이 명확히 구분됩니다. 공부법 중 백지 학습법이 있습니다. 수업을 듣거나 공부를 한 다음, 자신이 알고 있는 내용을 백지 위에 생각나는 대로 적어 보는 것입니다. 적다 보면 아는 것을 쓰기가 쉽지 않다는 것을 알게 됩니다. 자연스럽게 자신이 공부한 것과 공부해야 할 것이 가려집니다. 강의도 마찬가지입니다. 강의를 하다 보면 알고 있는 것조차 말하기 쉽지 않습니다. 스스로가 무엇을 알고 모르는지 깨닫게 됩니다. 그러므로 강사는 누구보다 많은 것을 배울 수 있는 사람입니다.

특히 우리가 공부하는 웰다잉, 죽음이라는 주제는 더 그렇습니다. 죽음은 직접 경험해 볼 수 없습니다. 책, 인터뷰, 영상을 통한 간접 체험에 의존할 수밖에 없습니다. 그러므로 전문적인 웰다잉 강사가 되기 위해서는 학습이 필수적입니다. 죽음과 관련된 책을 꾸준히 읽는 것을 추천합니다.

처음에는 죽음과 관련된 에세이를 읽어보면 좋습니다. 죽음에 대한 철학적 성찰부터, 의사가 바라본 의료 현장에서의 죽음, 부모님을 떠나보낸 자녀가 쓴 간병기, 종교인들이 바라본 죽음, 사별 가족의 심정이 담긴 애도 일기, 장례지도사가 지켜본 장례 현장에서의 삶과 죽음 등 가볍고 편안하게 읽을 수 있는 책들이 출판되고 있습니다. 책을 통해 사람들이 죽음을 마주할 때 갖게 되는 생각과 태도, 어려움을 간접적으로 체험해 보아야 합니다. 책에서 접한 사례를 정리하고 인용하면 웰다잉 수업을 진행할 때 더욱 친밀하고 생동감 있는 내용을 전달할 수 있습니다.

에세이에 익숙해졌다면 다음으로는 생사학(혹은 죽음학)과 관련된 전공서적 읽기를 추천합니다. 사례는 교육을 풍성하게 만들지만, 체계적으로 정리할 이론을 소개하는 것도 필요합니다. 이론과 배경, 사례, 삼박자가 갖춰져야 합니다. 생사학 개론이나 죽음학 총론과 같은 전공 서적으로 이론적 뼈대를 세워야 합니다. 시중에는 웰다잉, 죽음에 대한 다양한 전공 서적과 웰다잉 교육 매뉴얼이 나와 있습니다. 여러 권의 책을 살펴보고 핵심 내용을 정리하세요. 이를 통해 웰다잉 교육의 전문성을 배양할 수 있습니다.

마지막으로는 죽음과 관련된 철학서 읽기를 추천합니다. 철학자 키케로는 철학을 한다는 것은 죽는 방법을 배우는 것이라고 말했습니다. 철학의 지향점은 죽음을 향합니다. 오늘날의 죽음은 첨예한 갈등과 이해관계로 얽혀 있습니다. 대표적인 예로 안락사, 소위 말하는 조력 존엄사 논쟁을 들 수 있습니다. 따라서 이와 같은 갈등을 보다 본질적으로 바라보기 위해서는 철학과 역사에 대한 이해가 필요합니다.

죽음을 소재로 한 소설과 문학작품을 읽는 것도 웰다잉 교육 진행에 효과적입니다. 학문적인 깊이를 더하고 싶다면, 웰다잉과 죽음에 관련된 논문을 살펴보는 것도 좋습니다. 논문은 전공서적보다 짧지만, 웰다잉 교육의 이론적 배경과 영향을 미치는 요인들, 효과에 대해 살펴볼 수 있습니다. 저는 말기암 환자, 임종을 앞둔 분들의 인터뷰가 담긴 질적 연구 논문을 자주 읽습니다. 임종을 앞둔 분들의 심리를 알 수 있고, 남은 이들에게 전해주고 싶은 이야기들이 인터뷰로 수록되어 있어 인용하여 수업 시간에 활용합니다.

웰다잉, 죽음과 관련된 영상을 시청하는 것도 좋습니다. 스마트폰 보급이 확대되고 인터넷 기술이 발달하면서 SNS 및 영상 플랫폼은 삶에서 빼어놓을 수 없는 중요한 도구가 되었습니다. 대표적인 플랫폼으로 유튜브를 들 수 있습니다. 유튜브에는 한국뿐 아니라 전 세계 다양한 국가에서 웰다잉, 죽음과 관련된 다양한 콘텐츠들이 실시간으로 업로드됩니다. 책과 더불어 영상을 통해 보다 생동감 있고 실제적인 사례들을 접할 수 있습니다. 각 방송사에서 제작한 다큐멘터리도 다시 보기로 시청할 수 있습니다. 많은 사람이 멀티미디어에 익숙해진 만큼, 영상 자료는 훌륭한 교육 자료로 사용할 수 있습니다. 영상을 보고 주제별로 분류해 놓거나, 영상에 대한 생각을 정리해 놓는 것도 좋은 공부가 됩니다. 죽음과 관련된 영화를 시청하는 것도 추천합니다.

'분류되지 않은 정보는 쓰레기다'라는 말이 있습니다. 단지 책을 읽고 영상을 보는 것에서 그치는 게 아니라 중요한 내용과 키워드를 정리하여 자신만의 자료 노트를 만드는 것이 필요합니다. 책이나 영상, 영화 소개, 기사, 소감 등을 카드뉴스로 제작하거나 글로 정리하여, 블로그나 SNS에 꾸준히 업로드하면 좋습니다. 이런 자료를 평소 꾸준히 정리해 놓으면 좋은 교육자료가 됩니다. 저희 연구소 홈페이지 자료실에는 제가 그동안 본 웰다잉 관련 도서와 영화, 다큐를 주제별로 찾아볼 수 있게끔 정리해 두었습니다.

코로나 종식 이후 여러 단체에서 웰다잉과 관련된 강의를 진행하고 있습니다. 시민들을 대상으로 한 교양 강좌 혹은 전문 강좌를 진행하고 있으며, 오프라인뿐만 아니라 온라인에서도 다양한 주제의 교육을 진행합니다. 제가 운영하는 데스톡톡에서도 한 달에 한 번 죽음과 관련된 전문가를 모시고 온라인 교육을 진행하고 있습니다. 처음에는 교육을 진행하는 분이나 참여하는 분 모두 적응하는 데 어려움이 있었습니다. 그러나 코로나 기간 동안 온라인에 익숙해지면서 물리적으로 먼 거리에 있는 부산, 목포, 광주, 대전에 계신 분들도 스마트폰을 통해 손쉽게 교육을 들을 수 있게 되었습니다. 이제는 스스로 관심만 있다면 내가 사는 곳에서 언제든지 좋은 교육을 찾아 들을 수 있습니다.

웰다잉 강사가 끊임없이 공부해야 하는 이유는 교육의 전문성을 높이기 위해서입니다. 교육의 전문성은 강사의 전문성에서 드러납니다. 웰다잉 교육을 진행하다 보면 다양한 어르신들을 만나게 됩니다. 어르신 각자의 고민과 어려움, 처한 문제들이 다르기 때문에 정확하고 전문적인 정보를 전달해야 합니다. 그러므로 웰다잉 강사는 끊임없이 노력해야 합니다. 이는 웰다잉 강사뿐 아니라 다른 분야의 강사들도 마찬가지일 것입니다. 동료 프리랜서 강사들을 보면 끊임없이 배우고 공부합니다. 심리 분석, 교수법, 대화법, 교안 작성법, IT 활용, AI, 법률, 시사상식 등 다양한 과정을 공부하여 자신의 교육에 접목하기 위해 노력합니다. 물론 많이 안다고 잘 전달하는 것은 아니지만, 잘 알아야 더 쉽고, 적합하게, 효과적으로 전달할 수 있습니다. 강의하기 위해서는 끊임없이 채워야 합니다. 항아리가 비면 전달할 수 없습니다. 강사도 소진에 빠지게 됩니다. 전하는 만큼 채워야 합니다. 그러므로 강사는 가르치기 이전에 공부하는 사람임을 기억해야 합니다.

웰다잉도 견학이 필요합니다

책과 영상을 통해 공부하는 것도 중요하지만, 지식으로의 죽음은 관념에 머물 수 있습니다. 그래서 웰다잉도 견학이 필요합니다. 공부를 통해 배운 내용이 실제로 우리 삶과 어떤 연관이 있는지 직접 느껴보는 것이 중요합니다.

웰다잉 공부를 처음 시작했을 당시 죽음이 와닿지 않았습니다.

심리학, 철학, 의학, 신학에서 죽음을 설명했지만 피부로 느껴지지 않았습니다. 멀리 있는 달과 화성처럼 머릿속에 떠다니는 가상의 개념과 같았습니다. 더욱이 공부 머리가 짧은 제가 이해하기에 죽음은 어려웠습니다. 어떻게 하면 죽음을 조금 더 가까이서 볼 수 있을까 고민 끝에 용기를 내어 호스피스 병원에 자원봉사를 가게 되었습니다. 저는 머리보다 몸을 쓰며 배우는 스타일입니다. 사회복지사를 준비할 때도 노인요양원에서 치매 어르신들을 모시며 케어 기술과 돌봄을 배울 수 있었습니다. 그때의 경험처럼 죽음을 배우고자 호스피스 병원을 찾아갔습니다. '인생의 선배는 먼저 태어난 이가 아니라 먼저 죽어간 사람이다.'라는 말처럼 호스피스 병원에서 임종을 앞둔 분들의 곁을 지키며, 책으로 배웠던 죽음이 머릿속에서 정리되는 것을 느꼈습니다. 환자들에게 작은 도움이라도 되고 싶어 노력했습니다. 호스피스 병원에서의 자원봉사는 두렵고 조심스러웠지만, 저의 인생을 바꿔놓는 결정적인 계기가 되었습니다. 그때의 경험이 없었다면, 지금의 저는 웰다잉 강사가 아니라 다른 삶을 살고 있을지도 모르겠습니다.

웰다잉 강사로 활동하며 사람들은 죽음에 대해 어떻게 생각하는지 궁금했습니다. 그래서 죽음과 관련된 질문지를 들고 길거리에 나섰던 적도 있습니다. 사람들이 죽음을 마주하는 모습을 보고 싶었습니다. 어떤 이들은 인상을 찌푸리며 불편해했고, 어떤 이들은 깜짝 놀라 피했습니다. 어떤 이들은 앞으로의 삶을 이야기했고,

또 어떤 이들은 서로를 끌어안았습니다. 사람들이 죽음에 대해 어떻게 생각하는지 체감할 수 있었습니다.

웰다잉 교육은 자살도 포함합니다. 우리나라는 16년 동안 세계에서 가장 높은 자살률을 보이고 있습니다. 안타까운 마음에 자살 예방에 도움이 될 수 있는 일을 할 수 없을까 고민했습니다. 궁리 끝에 SNS 채팅방을 개설하여 자살을 시도하려는 분, 자살 충동이 있는 분들과 상담을 진행했습니다. 전문적인 상담은 아니지만, 죽음을 결심하는 마음을 듣고 위로하고 싶었습니다. 그런 마음으로 블로그에 공지글을 올렸지만, 과연 몇 사람이나 상담에 응할까, 솔직히 반신반의했습니다.

그러나 공지글을 올린 다음 날, 밤이 되자 한두 분씩 메시지가 오기 시작했습니다. 많은 날에는 하루에 네다섯 분이 새벽까지 고민을 털어놓았고, 밤늦게까지 대화는 계속되었습니다. 대화 중 갑자기 연락이 끊긴 분도 있었는데, 행여나 실제로 자살 시도를 한 건 아닐지 전전긍긍하는 마음에 뜬 눈으로 새벽을 맞이하기도 했습니다. 다행히 큰일은 일어나지 않았습니다. 상담에 참여한 분들은 조금이나마 위안을 받았다, 다시 살아보고 싶다는 소감을 전하기도 했습니다. 그렇게 매일 상담이 이어졌고, 한 달이라는 시간이 지나자 저는 지치기 시작했습니다. 밤마다 밀려드는 상담으로 체력적인 어려움을 겪었고, 또 사람이 많아질수록 개개인의 이야기에 집중하기 어려웠기 때문입니다. 상담을 요청한 분들의 사연이 아프고 힘들어 정서적으로도 소진되었습니다. 고민 끝에 저는 한 달 보름 만에 상담 채널을 닫았습니다.

아쉬움과 안타까움이 있었지만 제가 감당할 수 있는 만큼만 하는 것이 중요했습니다. 그리고 통계보다 더 많은 사람이 자살에 대해 생각하고 있다는 걸 직접 느낄 수 있었습니다. 자살예방센터에서 연중 내내 상담을 진행하는 상담사의 노고를 조금이나마 느껴볼 수 있었습니다.

2014년, 행복한 죽음 웰다잉 연구소를 개소했던 그해. 세월호 사고가 있었습니다. 그날은 신문사와 인터뷰를 하고 있었고, 전원 구조라는 속보를 듣고 마음을 놓았습니다. 하지만 오보였고, 시간이 흐르며 아이들의 시신이 발견되는 모습을 지켜보았습니다. 온 국민이 눈물을 흘리며 슬퍼했던 그때, 수업이라 할지라도 사람들 앞에서 죽음이라는 단어를 꺼내기 어려웠습니다. 슬펐습니다. 무거웠습니다.

안산에 있는 세월호 추모관을 방문하였고, 그곳에 놓인 수많은 영정 사진과 편지를 보며 눈물 흘렸습니다. 유가족을 돕고자 길거리로 나가 세월호 사고 진상 규명을 위한 서명운동에 동참했습니다. 세월호 사고를 통해 사회적 재난이 발생했을 때 우리나라에서는 희생자들의 죽음을 어떻게 처리하는지 여실히 지켜보았고, 정치적 논리로 더 큰 상처를 받는 유가족의 모습도 목격했습니다.

서울시 무연고 사망자 공영 장례 상담센터인 '나눔과 나눔' 자원봉사 활동에도 참가했습니다. 자주 참여하지는 못하지만, 무연고 사망자의 장례식에 참여하여 홀로 떠난 분들의 마지막을 배웅했습니다. 비록 무연고로 쓸쓸히 돌아가셨지만, 마지막 가는 길을 함께 하기 위해 가족과 지인들이 찾아오기도 했습니다. 그분들에게 고인에 대한 이야기를 들으며, 진정한 가족이란 무엇인가, 가족 안에서의 죽음은 무엇인가에 대해 고민해 볼 수 있었습니다.

때론 소중한 이들의 투병을 지켜봐야 했습니다. 멀리 있다고만 느껴졌던 죽음이, 사랑하는 친구와 주위 사람들에게 다가왔을 때 큰 충격을 받았습니다. 그동안 배웠던 것이 모두 가짜처럼 느껴졌고, 당황하여 아픈 마음을 숨기기도 했습니다. 말로는 좋은 죽음을 맞이할 수 있다, 죽음을 준비해야 한다고 말하면서도, 그래도 그들에게 죽음이란 말을 꺼내고 싶지 않았습니다. 어떻게든 살 수 있다고 희망을 가져보자 위로했습니다. 불현듯 세상을 떠난 분들의 소식에 눈물이 흘렀습니다. 죽음이란 것이 과연 준비한다고 잘 죽을 수 있는 것인지, 그럼에도 불구하고 왜 웰다잉 공부를 해야 하는지 자괴감이 들기도 했습니다. 어떻게든 받아들일 수 없는 죽음을 스스로 납득하기 위해 자신을 속이며 정신 승리를 하는 것은 아닌가 싶었습니다.

이러한 경험을 하면서 머리가 아닌 마음으로 공부할 수 있었습니다. 죽음을 마주할 수 있는 곳이라면 용기를 내어 찾아갔습니다. 때론 화장시설에서 사랑하는 이를 떠나보내는 가족들과 운구 행렬을 몇 시간씩 지켜보았습니다. 봉안당과 공원묘지에 가면 한 분한 분의 비석을 읽고 생전에 고인의 삶을 그려보기도 했습니다. 절에 가면 반드시 천도재를 올리는 곳에 방문하여 삼배를 하고 나왔습니다. 수업이 끝나면 사별의 슬픔으로 눈물 흘리는 어르신의 손을 잡고 한참을 위로하기도 했습니다.

죽음이 학문적이지 않았으면 좋겠습니다. 웰다잉 교육을 하는 사람들이 이론적이지 않았으면 좋겠습니다. 종교에서의 죽음은 멀고 철학에서의 죽음은 난해했습니다. 이론도 중요하지만 죽음은 우리에게 닥친 현실입니다. 그러므로 죽음을 공부하기 위해 책상에 앉아 책을 보는 것도 필요하지만, 죽음을 마주할 수 있는 곳에도 찾아갔으면 좋겠습니다. 사례가 모이면 이론이 됩니다.

하지만 이론이 모든 사례를 증명할 수 없습니다. '죽음은 천 개의 얼굴을 지니고 있으며 그곳에 이르는 만 개의 길이 있다'라는 말이 있습니다. 죽음을 체감한다면 이 책을 읽는 여러분은 좀 더 훌륭한 강사가 될 수 있습니다. 물론 어렵지만 반드시 필요한 일입니다. 웰다잉 강사는 이론가와 더불어 현장 실천가가 되어야 합니다.

차별화된 웰다잉 강사가 되려면

저는 웰다잉 강사로 활동하기 이전 노인복지관에 근무하는 사회복지사였습니다. 무엇보다 노인 분야가 적성이 맞았고, 특히 노년기 죽음준비교육에 관심이 많았습니다. 노년기와 웰다잉은 밀접한 관계를 맺고 있습니다. 노인복지관의 근무 경험을 통해 자연스럽게 노인을 대상으로 하는 웰다잉 교육에 관심을 갖고, 관련 경력을 개발하였습니다.

노인뿐만 아니라 사회적 약자에도 관심이 많았습니다. 사회복지사는 사회적 약자의 편에 서는 사람입니다. 죽음을 앞둔 이가 세상에서 가장 약합니다. 죽음의 현장에서 다양한 모습으로 임종을 맞는 분들의 모습을 볼 수 있었습니다. 고독사, 자살, 무연고 사망자, 사고사 등의 안타까운 죽음이 눈에 들어왔습니다. 스스로 좋은 죽음을 준비한다 하더라도 사회적 위험이나 고립, 재난으로 인한 죽음을 막을 수는 없습니다. 생사학은 융합학문입니다. 죽음을 바라보는 다양한 학문의 관점을 볼 수 있습니다. 저는 웰다잉을 사회복지사의 관점에서 바라봅니다.

웰다잉 강사 중에는 다양한 이력을 갖고 계신 분들이 있습니다. 웰다잉 강사를 준비하며, 웰다잉에 대한 전문 지식을 본인의 전공이나 관심사로 살리는 것도 중요합니다. 웰다잉에 더하여 자신의 관점을 녹여낸다면 독보적인 영역의 웰다잉 강사가 될 수 있습니다. 이는 다른 강사들과 차별되는 본인만의 강점이 됩니다.

오랜 시간 초등학교에서 아이들에게 죽음에 대한 동화책을 읽어주신 『그림책으로 배우는 삶과 죽음』의 저자이자 그데함(그림책으로 죽음을 함께 이야기 나누기) 대표이신 임경희 선생님이 그렇습니다. 어느 날 갑작스레 제자의 죽음을 마주하고 죽음을 공부하기 시작하셨습니다. 그리고 아이들과 함께 이야기 나누고자 죽음과 관련된 동화책을 읽어주기 시작하셨습니다. 아이들이 거부감을 느끼고 무서워할 줄 알았지만, 아이들은 오히려 죽음을 통해 삶의 소중함을 깨달았다고 말합니다. 지금은 이런 경험을 살려 그림책을 통한 웰다잉 교육과 문화를 확산시키는 데 앞장서고 계십니다.

또 한 분의 선생님은 상담을 전공하셨습니다. 선생님은 고양이를 기르는 애묘인이었습니다. 그러던 중 죽음을 공부하며 반려동물의 사별에 대해 관심을 갖게 되었습니다. 강아지, 고양이를 떠나보낸 슬픔으로 힘겨워하는 분들을 만났지만, 그들은 슬픔을 표현할 수 없고, 그런 기회를 가질 수 없었습니다. 사람들은 반려동물의 죽음을 가볍게 생각했습니다. 그래서 선생님은 반려동물을 떠나 보낸 분들과 사별 모임을 진행하고 있습니다. 웰다잉과 애도 상담, 반려동물이 접목된 사례라고 볼 수 있습니다.

장애인복지관에 근무하는 한 선생님은 발달장애인을 대상으로 한 웰다잉과 사별 수업을 진행하고 계십니다. 발달장애인들 역시 나이가 들며 자신의 죽음을 스스로 준비해야 합니다. 또 부모님을 떠나보낸 슬픔을 위로받을 권리가 있습니다. 장애인복지관에서 오랜 경험을 갖고 계신 선생님은 발달장애인에 적합한 교재와 커리큘럼을 만들어 웰다잉 수업을 진행하고 있습니다. 이처럼 각자의 전공과 관심사로 웰다잉 영역에서 활동하는 분들이 계십니다.

의사, 간호사, 상담사, 목회자, 장례지도사, 사회복지사, 컴퓨터 앱 개발 전문가, 법조인, 간병인, 요양보호사, 시나리오 작가, 노인 교육 전문가, 공직자, 디자이너 전문가 등 다양한 직업군이 웰다 잉 강사로 활동하고 있습니다. 목회자, 성직자는 신앙 안에서 신자 들에게 어떻게 죽음을 전할 것인가 고민합니다. 신자들이 좋은 죽 음을 맞이하고, 사별의 슬픔을 이겨낼 수 있도록 교육과 프로그램, 상담을 진행합니다. 장례지도사 한 분은 고인의 장례에 죽음의 존 엄한 가치가 훼손되지 않는 법과 유족을 위로하는 법에 대한 답을 찾기 위해 웰다잉 공부를 시작하셨다고 합니다. 간병인, 요양보호 사분들은 어르신의 임종이 다가왔을 때 임종기 케어를 어떻게 해 야 할지 알고 싶어서 웰다잉 공부를 시작하셨다고 합니다. 공무원 한 분은 지역사회에서 어떻게 하면 고독사를 예방할 수 있을지 답 을 찾기 위해 웰다잉 공부를 시작하셨다고 합니다. 관련하여 보건 소 내에서 프로그램을 개발하고, 지역 주민분들과 고독사 예방을 위한 프로젝트를 함께 진행하고 있다는 말씀을 해주셨습니다.

웰다잉 공부를 하는 분 중에서는 자살 예방 관련 기관에서 근무 하는 분들도 있습니다. 웰다잉 교육 과정 중에 한국형 자살예방프 로그램인 '보고 듣고 말하기'를 배우고 자살과 관련된 상담을 진행 하는 분들도 계십니다. 최근에는 한 벤처기업에서 인터뷰 요청이 들어왔습니다. 이 기업은 AI를 활용한 스마트폰 어플을 개발하는 업체였습니다. 앱을 통하여 스마트폰으로 영정사진을 스스로 촬 영할 수 있도록 프로그램을 개발하고 있다고 합니다. 프로그램은 본인이 원하는 모습으로 영정사진을 보정할 수 있습니다. 스스로 마음에 드는 영정사진을 촬영하는 것이 자신의 죽음을 준비하는 동기가 될 수 있을 것 같습니다. 이력서의 증명사진도 예쁘게 보정하는 시대가 영정사진까지 이어지고 있습니다.

이처럼 다양한 분들이 각자의 영역에서 본인의 전공을 살려 웰다잉과 관련된 활동을 하고 있습니다. 이를 위해서는 웰다잉에 대한 기초적 공부가 선행되어야 합니다. 그래야 본인의 전공을 적용하여 맞춤형 교육이 가능합니다. 본인이 직접 교육을 진행하지 않더라도 관련 지식과 전문가를 조합할 수 있는 능력이 있어야 합니다. 그래야 단순한 웰다잉 교육 전문가가 아닌 교육 기획자가 될 수 있습니다.

웰다잉 강사는 특별한 사람만이 하는 것이 아닙니다. 본인이 관심을 가지고 있거나, 특정 분야에서 활동하고 있다면 자신이 활동하는 분야에서 죽음의 모습을 살펴보세요. 사람들이 어떻게 죽음을 마주하고 있는지, 그들이 바라는 좋은 죽음은 무엇인지, 그들이 잘 죽을 수 있도록 어떻게 도와야 할지를 살펴본다면 웰다잉과 접목하여 자신만의 독창적인 노하우를 개발할 수 있습니다.

저는 각 시도별 사회복지사협회에서 사회복지사를 대상으로 보수교육을 진행하고 있습니다. 사회복지사는 매년 전문성 향상을 위해 보수교육에 참여합니다. 그분들께 저는 마을과 지역사회의 죽음을 살펴봐 달라고 부탁드립니다. 지역의 자살률, 고독사 발생률, 재난 사고 발생률, 노인인구 분포도, 의료시설 및 요양원 현황 등을 파악하여 지역의 사람들이 어떻게 죽어가는지 살펴본다면 그들을 어떻게 도와야 하는지 알 수 있기 때문입니다. 이처럼 각각의 시선과 경험, 전문성이 더해진다면, 우리는 조금 더 다양한 방법으로 잘 살고 잘 죽을 수 있도록 도울 수 있습니다.

2장

웰다잉 교육,

어떻게 준비해야 할까요?

웰다잉 교육은 무엇인가요?

노인복지관 어르신들을 모시고 웰다잉 수업을 하다 보면 가끔 이런 말씀을 하십니다. "먹고 사는 것도 바빠 죽겠는데 굳이 죽는 걸 뭐 하러 배워? 때 되면 어련히 알아서 죽겠지. 배울 게 없어서 죽는 걸 배워?", "잘 죽는 걸 배운다고 잘 죽을 수 있겠어요? 사람 목숨이 마음대로 되나? 죽는 게 내 마음대로 되면 그게 정말 복이지."

이와 같은 질문에 웰다잉 강사는 어떻게 대답해야 할까요? 웰다잉 강사라면 왜 죽는 걸 배워야 하는지 교육생을 설득할 수 있어야 합니다. 웰다잉 교육이란 무엇이며, 교육을 들으면 무엇이 좋은지 말할 수 있어야 합니다. 좋은 약, 좋은 음식, 좋은 건강식품을 판매하는 영업사원이 상품의 기능을 소개하듯이, 웰다잉 강사도 웰다잉 교육이란 무엇인지 설명할 수 있어야 합니다.

웰다잉 교육은 말 그대로 하면 '잘 죽는 방법을 알려주는 교육'으로, 국민들의 인식 개선과 확산을 위해 대중적으로 쓰이는 말입니다. 학술적으로는 '죽음준비교육'이라고 지칭합니다. 웰다잉 수업을 진행할 때마다 강조하지만, 사람은 살아온 모습 그대로 죽음을 맞이합니다. 삶의 모습은 곧 죽음의 모습으로 이어집니다. 그러므로 우리는 잘 죽기 위해서 잘 살아야 합니다. 웰다잉 교육은 죽음만을 이야기하는 교육이 아닙니다. 삶은 죽음을 통해 이야기할 때 가치가 드러납니다. 그래서 웰다잉 교육의 가장 중요한 목적은 죽음을 통해 삶을 잘 살아가도록 돕는 것입니다.

성장 과정을 거치며 필수적으로 배워야 하는 교육이 있습니다. 대표적인 예가 성교육입니다. 성교육을 통해 2차 성징과 남녀의 차이, 건강한 성생활에 대해 배워야 합니다. 그래야 성에 대한 왜곡된 지식 없이 건강한 성인으로 거듭날 수 있습니다. 아기를 갖기 위한 육아 교육 역시 마찬가지입니다. 아이를 잉태한 이후 출산에 이르기까지 과정을 알아두고 공부해야 합니다. 그래야 산모와 아기 모두 건강할 수 있습니다.

생애주기에 필수적인 과정 중 가장 마지막은 죽음입니다. 죽음이란 무엇이고, 죽음의 과정에서 어떤 일을 겪을지, 어떻게 하면 인간답고 존엄하게 죽음을 맞이할 수 있을지, 그러기 위해서는 무엇을 준비해야 하는지, 또 좋은 이별을 위해 무엇을 준비해야 하는지 공부해야 합니다. 과거에는 이런 교육을 가정에서 배웠습니다. 성교육 혹은 출산 교육도 가정에서 이루어졌습니다. 죽음에 대한 교육 역시 가정에서 이루어졌습니다. 그러나 산업화에 따라 가족 규모가 점점 작아지면서 가정의 양육과 교육, 돌봄 과정이 축소되었습니다. 산업화에 따른 전문직 돌봄이 생겨남에 따라 죽음의 과정 역시 복잡해졌습니다. 그 결과 죽음은 우리의 집과 삶에서 자연스럽게 멀어졌습니다. 더욱이 죽음을 말하는 것을 꺼리는 우리나라 문화에서는 죽음에 대해 배울 수 있는 곳을 찾기 어렵게 되었습니다. 따라서 웰다잉 교육은 죽음을 함께 얘기하고 공부할 수 있는 공동체 교육이라고 할 수 있습니다.

죽음의 과정은 크게 삶의 단계, 죽음 과정의 단계, 죽음의 단계, 죽음 이후의 단계로 나뉘어 집니다. 저는 웰다잉 교육을 '그럼에도 불구하고 삶을 살아가는 교육'이라고 정의합니다.

첫째, 죽음을 통해 삶을 잘 살아가는 교육.

둘째, 죽음의 과정에도 남은 삶을 잘 살아가는 교육.

셋째, 사별 이후에도 앞으로의 삶을 잘 살아가는 교육.

웰다잉 교육은 어떤 상황에서건 삶을 살아가는, 곧 삶을 위한 교육이라 할 수 있습니다. 그렇다면 이와 같은 웰다잉 교육의 목적을 어떻게 달성할 수 있을까요?

1) 죽음에 대해 이야기 나눈다.

웰다잉 교육에서는 죽음에 대해 이야기 나눌 수 있어야 합니다. 우리가 무엇을 두려워하는지 모르기 때문입니다. 죽음이 무엇인지 모르기 때문에 두렵습니다. 죽음에 대해 안다면 비록 두렵고 무섭더라도 마음의 준비를 할 수 있습니다. 그래서 웰다잉 교육은 죽음에 대해 함께 고민하고 이야기 나누는 수업입니다.

2) 각자의 생사관을 확립해 나간다.

생사관은 죽음이란 무엇인가 스스로 정의 내리는 가치관입니다. 이와 같은 생사관은 각자의 성장 배경과 종교, 가치관, 믿음에 따라 다릅니다. 생사관은 각자의 죽음을 대하는 태도에 영향을 미칩니다. 그러므로 웰다잉 교육은 함께 죽음에 관해 얘기하는 시간을 통해 자신의 생사관을 세우도록 돕습니다. 스스로 죽음이란 무엇인지 생각해 보는 기회를 제공해야 합니다.

3) 죽음불안을 낮춘다.

웰다잉 교육은 앞으로 맞이할 죽음에 대한 불안을 낮추는 데 목적이 있습니다. 죽음불안은 말 그대로 인간이 죽음 앞에서 느끼는 불안을 말합니다. 그리고 죽음불안은 다양한 것들에 영향을 받습니다. 예를 들어 자아성취감, 자아존중감, 긍정적 인생 회고 등 여러 요인들에 좌우됩니다. 물론 웰다잉 교육을 통해 죽음불안을 완전히 낮추는 것은 불가능합니다. 다만 교육을 받기 전보다 교육 후의 죽음불안을 어느 정도 낮출 수 있습니다.

4) 죽음 대처 능력을 향상시킨다.

죽음 대처 능력이란 죽음에 직면했을 때 어떻게 대처할 수 있는지를 측정하는 능력입니다. 따라서 웰다잉 교육은 죽음 대처 능력을 향상시키는 데 목적이 있습니다.

웰다잉 교육에 참여하셨던 어르신 한 분이 계셨습니다. 왜 수업을 신청하셨는지 여쭤보니 다음과 같이 말씀하셨습니다. "이제 나이도 많고, 갈 때도 됐고 해서 어떻게 하면 잘 죽을 수 있을지 방법이 궁금해서 수업을 신청했어요. 근데 수업을 들으면서 그동안 막연했던 죽음이 좀 선명하게 보이더라고요. 그리고 죽음이 보이니까 앞으로 어떻게 살아야 할지도 보이더라고. 무서울 줄 알았는데 아니야. 같이 이야기하니까 안 무서워. 정신 똑바로 차리고 죽어야 겠어."

어르신은 수업에 참여하며 무의미한 연명의료를 중단하는 법적 의사를 밝힌 사전연명의료의향서를 작성하셨습니다. 그리고 임종이 다가왔을 때 많이 아프면 호스피스 병원으로 가고 싶다고 하셨습니다. 또 본인의 장례식 계획을 미리 밝혀두는 사전장례의향서도 작성하셨습니다. 비록 가진 것은 많지 않지만, 법적으로 효력 있는 양식을 통해 유언장도 작성하셨습니다. 복지관에서 수업의 일환으로 진행한 영정사진도 촬영하셨습니다. 인생 회고를 통해 본인의 삶을 되돌아보는 시간을 가졌고, 자신의 삶을 긍정적으로 평가하셨습니다. "그래도 이 정도면 부족한 점도 있지만 열심히 살아온 것 같아요. 남들은 모르더라도 내가 고생한 건 내가 알지." 열심히 웰다잉 교육에 참여했던 어르신은 몇 달 뒤 세상을 떠나셨습니다. 그렇지만 웰다잉 교육을 통해 좋은 죽음을 위한 준비를 해 놓고 떠나셨습니다. 자녀들은 생각지도 못했는데 복지관에서 찍어준 영정사진 덕분에 장례식을 잘 치를 수 있었다며 감사의 인사를 전했습니다. 비단 저뿐 아니라 웰다잉 교육을 진행하다 보면 쉽게 찾아볼 수 있습니다.

이처럼 웰다잉 교육의 목적은 죽음을 통해 삶을 이야기하는 교

육입니다. 각자의 생사관에 따라 죽음을 맞이하는 모습이 달라지
듯, 웰다잉 강사가 생각하는 웰다잉 교육의 정의에 따라 과정과 내
용이 달라지기도 합니다.

웰다잉 교육의 목표는 무엇인가요?

웰다잉 교육의 목적을 달성하기 위해서는 어떻게 목표를 세워
야 할까요? 목적은 방향이고 목표는 방법입니다. 예를 들어 다이
어트 프로그램을 계획했다고 가정합니다. 다이어트 프로그램의
목적은 체중 감량입니다. 체중 감량을 위해서는 여러 가지 목표를
세워야 합니다. 하루 30분 이상 운동하기, 건강한 음식 섭취하기,
하루 7시간 이상 수면하기 등과 같은 목표를 세울 수 있습니다. 목
적을 달성하기 위한 개인의 목표는 각자 다를 것입니다.

독일의 신부이자 일본의 유명한 생사학자인 알폰스 데켄 신부
는 일반인을 대상으로 한 웰다잉 교육, 죽음준비교육의 목표를 다
음과 같이 제시하였습니다.

1. 죽어가는 환자들에게 도움을 제공하기 위해 죽어가는 과정에 대한
   이해를 촉진하고, 그들의 다양한 문제와 요구를 해결해 준다.
2. 사람들로 하여금 죽음을 더 깊이 생각하게 하고, 자신의 죽음을 준
   비할 수 있도록 돕는다.

3. 상실의 경험으로 인해서 겪게 되는 비탄의 과정과 그 중요성을 이해하고, 상실로 인해 어려움을 겪는 사람들을 돕는다.

4. 죽음에 대한 지나친 공포를 완화시키고 심리적 부담으로부터 해방시킨다.

5. 죽음에 대한 금기를 제거하고, 자유롭게 죽음에 대해 이야기하는 것을 촉진한다.

6. 자살을 생각하고 있는 사람의 심리를 이해하고, 자살을 예방하는 방법을 가르친다.

7. 병명의 고지와 말기암 환자의 알 권리에 대한 인식을 고양한다.

8. 죽음과 관련된 윤리적 문제를 가르친다(인위적 생명 연장, 안락사 등).

9. 법률과 관계된 의학적인 문제에 대해서 친숙하게 만든다(죽음에 대한 정의, 뇌사 결정, 장기 이식, 시신 기증, 유서 작성 등).

10. 장례의 역할에 대한 이해를 도모하고, 자신의 장례를 스스로 선택하여 준비하도록 돕는다.

11. 생명의 소중함과 삶의 가치를 일깨워주며, 주어진 시간과 생명을 어떻게 살아갈 것인지에 대해 새로운 시각을 열어준다.

12. 노년의 시기를 더 풍성하게 살아갈 수 있도록 죽음의 예술을 적극적으로 배우게 한다. 즉 삶의 질을 높이는 것이 죽음과 죽어감의 과정의 질을 높인다는 것을 알게 한다.

13. 자기 자신의 죽음에 대한 철학을 확립하고, 죽음이나 죽어가는 과정을 스스로 선택하도록 격려한다.

14. 죽음에 대한 종교의 다양한 해석을 탐구한다.

15. 사후의 생명에 대한 가능성을 생각하도록 격려한다.

- Deeken, Alfons, 알폰스 데켄 박사 강연집. 서울: 각당복지재단,
1992.

한 연구에 따르면 한국의 웰다잉 교육, 죽음준비교육은 죽음과
관련된 세 가지 영역으로 진행되고 있다고 보고됩니다. 첫 번째는
인지적 측면, 죽음과 관련된 지식을 말합니다. 두 번째는 정서적
측면, 죽음과 관련된 감정을 말합니다. 세 번째는 행동적 측면, 죽
음과 관련된 대처를 말합니다. 즉 죽음준비교육은 이와 같은 세 가
지 내용이 골고루 구성될 때 효과가 높다고 볼 수 있습니다.

인지적 측면은 생사관 정립, 죽음에 대한 이해, 다양한 학문에서
바라보는 죽음, 연명의료, 상장례 문화, 안락사, 유언장, 장기이식,
사별과 애도에 대한 이해, 임종을 앞둔 환자에 대한 이해, 전쟁, 재
난으로 인한 죽음 등을 말합니다. 정서적 측면은 자신의 죽음준비
와 태도 정립, 죽음불안 직면, 사별과 애도 감정 다루기를 말합니
다. 마지막 행동적 측면은 임종을 앞둔 환자 돌봄, 환자의 알 권리
와 자기 결정, 사별에 대처하는 방법, 사별한 이들을 돕기, 장례 진
행에 대한 이해, 사후 행정적·법적 대처, 자살 및 고독사 예방 등을
말합니다.

웰다잉을 위해서는 어떤 준비가 필요할까요?

첫 번째, 기본적으로 죽음이 무엇인지 이해해야 합니다.

2장 웰다잉 교육, 어떻게 준비해야 할까요?

두 번째, 웰다잉을 위해 무엇을 준비해야 하는지 알아야 합니다.

세 번째, 죽음을 맞이하는 나를 알아야 합니다.

저는 이 세 가지 핵심을 바탕으로 웰다잉 교육을 진행하고 있습니다.

웰다잉 교육은 기관의 요청에 맞춰 일회성 특강과 다회기 프로그램으로 진행합니다. 일회성 특강은 짧은 시간 안에 웰다잉 교육의 목표를 달성해야 합니다. 주로 한 시간이나 90분 내외, 최대 두 시간까지 진행하며 웰다잉의 기초적인 개념을 전달합니다. 웰다잉이란 무엇이며, 좋은 죽음을 위해 무엇을 준비해야 하는지, 죽음을 마주 보며 우리는 어떤 삶을 살아야 할지를 공부합니다. 물론 대상, 연령, 기관에 따라 교육 방식을 다르게 진행해야 하지만 교육을 통해 죽음을 생각하며 웰다잉에 대한 기본적인 정보 전달과 인식만 되어도 소기의 목적을 달성했다고 봅니다. 웰다잉 프로그램은 통상적으로 60분, 길게는 120분까지 구성합니다. 회기는 2회기부터 길게는 20회기까지 진행하지만, 통상적으로 5회기에서 8회기로 구성합니다. 물론 프로그램 회기가 길수록 더 많은 이야기를 나눌 수 있지만, 노인의 특성과 체력, 집중력, 교육 효과를 고려했을 때 회기가 길수록 반드시 효과가 좋은 것만은 아닙니다. 주어진 회기 내에서 인지적, 정서적, 행동적 영역들을 어떻게 배치할지 고민하고 프로그램을 계획합니다.

웰다잉 교육을 진행할 때 유의해야 할 점은 각 회기의 목표가 하나의 목적을 지향해야 한다는 점입니다.

웰다잉 교육 전체를 관통하는 하나의 메시지가 있어야 합니다. 제가 진행하는 웰다잉 교육의 지향점은 좋은 삶, 좋은 죽음, 주인된 죽음, 준비된 죽음입니다. 각각의 목표들은 좋은 삶, 좋은 죽음을 지향해야 합니다. 그러므로 매회기 수업의 시작에는 오늘의 목표를, 수업의 끝에는 결론을 제시함과 더불어 목표의 달성 정도를 파악해야 합니다.

이와 같은 지향점을 바탕으로 웰다잉 교육을 구성해야 합니다. 저는 노인복지관, 종합사회복지관, 경로당 등 노인 이용 시설 중심으로 교육을 진행하고 있으며 이와 같은 목표를 균형적으로 배치하려 합니다. 죽음에 대한 이해, 내가 생각하는 죽음, 웰다잉에 필요한 준비, 절차, 긍정적 인생 회고와 노년기 자존감 향상, 행복한 노년을 위한 실천 등으로 프로그램을 구성하여 진행하고 있습니다.

웰다잉 체크리스트를 통해서 본 준비

그동안의 교육을 바탕으로 교육생의 웰다잉에 대한 인식과 준비 정도를 파악하기 위해 웰다잉 체크리스트를 안내합니다. 웰다잉 체크리스트는 이름 그대로 좋은 죽음을 위해 스스로 얼마나 준비되었는지 파악하는 자기 점검 리스트입니다. 체크리스트를 통해 교육에 참여하는 어르신들의 준비 정도를 파악할 수 있고, 웰다

질문	예	아니요
죽음에 대한 성찰과 공부가 이루어졌다.		
주위 사람들과 평소 죽음에 대해 자주 이야기 나눈다.		
삶에 대한 보람감과 성취감이 높다.		
용서와 화해가 이루어졌다.		
버킷 리스트를 작성하여 실천하고 있다.		
임종과정에 발생하는 육체적 통증에 대비하고 있다.		
연명치료에 대한 자기결정이 이루어졌다.		
장례방식에 대한 자기결정이 이루어졌다.		
법적으로 효력 있는 유언장이 작성되었다.		
고독사, 자살로 삶을 마감하고 싶지 않다.		
총계		

웰다잉 체크리스트

잉 교육 전체에 대한 흐름을 안내할 수 있습니다. 개별적으로 준비되지 않은 부분을 파악하고 어떻게 준비할 수 있을지 알아봅니다. 필수는 아니지만 교육에 참여하는 어르신의 교육 집중도를 높이는 데 효과적입니다. 그러면 웰다잉 체크리스트는 어떤 내용으로 구성되어 있는지 살펴보겠습니다.

1) 죽음에 대한 성찰과 공부가 이루어졌다.

죽음에 대한 준비는 자신의 죽음을 상상하는 것에서 출발합니다. 죽음이란 무엇인지, 죽음의 과정에서 어떤 일들이 일어나는지,

나는 어떻게 죽음을 맞이할지, 그러기 위해서는 무엇을 준비해야 하는지 공부해야 합니다. 죽음이 가까워져서 공부를 시작하면 받아들이기 어렵습니다.

죽음은 벼락치기로 공부할 수 없습니다. 평소 죽음에 대해 꾸준히 성찰하고 준비해야 합니다.

2) 주위 사람들과 평소 죽음에 대해 자주 이야기 나눈다.

좋은 죽음을 위해선 주위 사람들과 평소 죽음에 대해 자주 이야기 나눠야 합니다. 죽음을 꺼내놓고 이야기할 때 좋은 죽음을 준비할 수 있습니다. 죽음은 혼자만의 일이 아닌 공동체의 일입니다. 마지막을 함께 해줄 가족, 지인에게 자신이 바라는 죽음에 대해 미리 말해둔다면 죽음에 대한 두려움을 덜고 준비된 죽음을 맞이할 수 있습니다. 사전연명의료의향서, 사전장례의향서, 유언장, 장기기증 서약서 등을 작성했다 하더라도, 가족과 대화가 없이 동의가 이루어지지 않았다면 한낱 무용지물이 될 수 있습니다.

그래서 평소 주위 사람들과 죽음에 대해 함께 이야기 나누고 약속하는 것이 필요합니다. 실제로 죽음에 대해 자주 이야기 나누는 사람이 그렇지 않은 사람보다 죽음불안이 낮다는 연구 결과도 있었습니다.

3) 삶에 대한 보람과 성취감이 높다.

잘 살아온 사람일수록 좋은 죽음을 맞이할 수 있습니다. 그렇다면 잘 산다는 것은 무엇일까요? 돈, 명예, 학벌, 지위가 삶의 보람과 성취로 이어지지 않습니다. 가족, 사랑, 신앙, 추억, 성장, 나눔, 봉사. 세상을 떠날 때는 오직 마음에 담긴 것들만 가지고 갈 수 있습니다.

죽음을 성찰하면 삶은 단순해지고 명료해집니다. 중요한 것들을 놓치지 않아야 우리는 잘살 수 있습니다.

4) 용서와 화해가 이루어졌다.

죽음을 앞둔 이들은 자신이 어떠한 모습으로 기억될지 삶을 되돌아봅니다. 젊을 때 내 돈을 갚지 않은 친척들, 생각할 때마다 화가 치밀어 오르는 시댁 식구들, 서운하고 섭섭했던 친구들, 두고두고 용서하지 못했던 이들의 모습이 마음속에서 발목을 붙잡습니다. 또 내가 잘못했지만 사과하지 못한 이들도 마음에 걸립니다. 이런 감정들은 마지막 죽음의 모습을 좌우합니다. 용서와 화해는 자신의 마음을 치유하는 과정입니다. 우리는 좋은 죽음을 맞이하기 위해 용서하고 화해해야 합니다.

5) 버킷리스트를 작성하여 실천하고 있다.

중세 시대 교수형에 처한 죄인들은 올가미를 목에 두른 뒤 양동이에 올라갔습니다. 버킷리스트는 이 양동이를 발로 차서 사형을 집행한다는 의미, Kick the bucket이라는 표현에서 유래되었습니다. 죽기 전에 꼭 해보고 싶은 일들을 적은 목록을 의미합니다.

버킷리스트에는 원대한 꿈을 적어놓는 것도 좋지만, 작지만 의미 있고 실천할 수 있는 것들을 적는 것도 좋습니다. 죽음을 앞둔 이들은 먹고살기에 바빠서, 남들 시선에 맞추느라 자신의 삶을 살지 못한 것을 후회합니다. 평소 버킷리스트를 작성하여 내가 좋아하는 것은 무엇이며, 나는 어떤 삶을 살고 싶은지 돌아보는 것이 필요합니다.

6) 무의미한 연명 치료에 대한 자기 결정이 이루어졌다.

더 이상 치료가 불가능한 말기 질환일 경우 끝까지 포기하지 않고 계속 치료를 할지, 아니면 무의미한 연명 치료를 중단하고 죽음을 받아들일지 스스로 결정해야 합니다. 무의미한 연명치료를 중단하고자 한다면 연명의료결정제도, 혹은 사전연명의료의향서 작성을 통하여 본인의 의사를 밝혀둘 수 있습니다. 환자의 뜻을 알지 못하는 상태에서 가족들에 의해 연명치료 중단이 결정된다면 환자, 보호자, 의사 모두에게 큰 부담이 됩니다. 스스로 결정해야 좋은 죽음이 가능합니다.

7) 임종 과정에 발생하는 육체적 통증에 대비하고 있다.

무의미한 연명치료를 중단하기로 결정했지만, 말기 질환으로 통증은 계속됩니다. 통증은 남은 삶의 질을 좌우합니다. 따라서 통증, 구토, 호흡곤란, 복수 등에 대한 완화의료가 이루어져야 고통 없는 죽음을 맞이할 수 있습니다. 이와 같은 완화의료를 제공하는 곳이 바로 호스피스입니다. 평소 호스피스에 대한 공부와 함께, 위치와 이용 절차를 미리 파악해 둔다면 좋은 죽음에 한 발짝 더 가까이 다가갈 수 있습니다.

8) 장례 방식에 대한 자기 결정이 이루어졌다.

자신이 죽고 난 뒤 장례 방식에 대해 스스로 결정해 두는 것이 좋습니다. 부고를 알려야 할 사람들의 명단, 준비해 놓은 수의, 묘비명, 종교에 따른 영결식, 매장 혹은 화장 등과 같은 시신 처리 방식, 봉안당·수목장과 같은 유골 처리 방식, 매년 추모 여부 등을 사전장례의향서 작성을 통하여 준비해 둘 수 있습니다. 이런 내용을 미리 결정해 둔다면 유족의 슬픔을 덜고 혼란을 줄일 수 있으며, 의미 있고 아름다운 작별의 순간이 될 수 있습니다.

9) 법적으로 효력 있는 유언장이 작성되었다.

사망 이후 남겨진 유산 혹은 채무로 유족들의 다툼과 혼란이 일어날 수 있습니다. 법적으로 효력 있는 유언장을 미리 작성해 둔다면 이와 같은 문제를 미리 방지할 수 있습니다. 유언장에 유산 배분과 유품 정리, 가족들이 파악하기 어려운 개인정보, 금융 정보 등을 기재해 두면 도움이 됩니다. 또한 사랑하는 이들에게 마지막 인사를 적어둔다면, 고인을 떠나보낸 슬픔을 위로받고, 앞으로의 삶을 잘 살아가게끔 하는 격려가 될 수 있습니다.

10) 고독사, 자살로 삶을 마감하고 싶지 않다.

자살은 한 사람의 고통으로 끝나는 것이 아니라 본인과 가족, 주위 사람들에게 큰 상처를 남깁니다. 또한 1인 가구가 점차 늘어나고 있는 요즘, 고독사 역시 안타까운 죽음의 모습입니다. 1인 가구의 경우 왕래하는 가족과 지인의 비상 연락망, 평소 앓고 있는 질환, 복용 중인 약, 자주 이용하는 병원의 연락처 등을 적어 휴대하거나 쉽게 발견할 수 있는 곳에 비치해 둔다면, 긴급 상황이 발생할 경우 신속하게 대처할 수 있습니다. 일정 기간 연락이 닿지 않거나, 안부를 확인할 수 없는 경우 주위 사람에게 신고를 부탁하는 것도 고독사를 예방하는 데 도움이 됩니다.

이와 같은 체크리스트를 수업 시간 시작 전과 후, 혹은 사전 사후 검사지로 활용하기도 합니다. 프로그램 시작 전에 해당되는 부분이 두 개였다면, 프로그램을 마치고 난 다음에는 일곱 개 이상이 될 수 있도록 안내하고 함께 공부합니다.

우리 연구소에서 제작한 웰다잉 체크리스트를 활용하는 것도 좋지만, 각자의 교육 커리큘럼 과정을 요약하여 자신만의 체크리스트를 제작, 활용하는 것도 좋습니다. 다만 체크리스트를 만들기 위해서는 학술 서적 및 관련 논문 등을 참고하여 이론적 기반을 바탕으로 만드는 것이 좋습니다. 이를 통해 프로그램의 전문성을 담보하고, 교육생의 이해를 높일 수 있습니다.

2장 웰다잉 교육, 어떻게 준비해야 할까요?

행복한 죽음 웰다잉 연구소의 커리큘럼

우리 연구소에서 운영하는 웰다잉 교육 과정 커리큘럼을 소개합니다. 교육기관에서 교육을 의뢰하는 경우, 단회기 혹은 다회기 프로그램 과정을 요청합니다. 기관과 대상, 예산에 따라 커리큘럼이 다르지만, 우리 연구소의 기본 커리큘럼은 아래와 같습니다. 교육 시간은 최소 한 시간이며 총 19강으로 구성되어 있습니다.

1회기: 왜 웰다잉을 공부해야 할까요?

첫 번째 시간이므로 웰다잉 교육에 대한 오리엔테이션을 실시합니다. 강사 그리고 참여자 소개를 합니다. 때론 웰다잉 교육이 어떤 수업인지 모르고 참여하는 분도 있습니다. 그런 분들을 위해 수업에 대한 간략한 소개, 그리고 왜 웰다잉을 공부해야 하는지 필요성에 대해 안내합니다. 자발적으로 교육에 참여한 분들과는 왜 이 교육을 신청했으며, 교육에 대해 기대하는 바는 무엇인지 참여 동기를 나눠봅니다.

위에서 소개한 웰다잉 체크리스트를 작성해 보며 웰다잉에 대한 생각들을 나눠봅니다. 또 각자 스스로 어느 정도 잘 죽을 준비가 되어 있는지를 파악해 봅니다. 강사의 입장에서는 첫 만남을 통해 집단 참여자의 성향 및 집단 역동성을 파악하는 시간이 되기도 합니다.

회기	주제	구분
1	왜 웰다잉을 공부해야 할까요?	강의 및 활동
2	죽음이란 무엇일까요?	
3	인간답게 죽을 수 없을까요?	
4	품위 있는 죽음의 완성, 호스피스	
5	죽음 너머엔 뭐가 있을까요?	
6	나는 누구인가요?	미술 활동
7	나의 고향은 어디인가요?	
8	아름다운 나의 손	
9	내 인생 꽃피우기	
10	함께 식사를 해요	
11	보석함을 남겨요	
12	마음으로 용서하기	강의 및 활동
13	마음튼튼, 마음챙김명상	
14	유언장, 어떻게 작성해야 할까요?	
15	나의 장례희망은?	
16	당신을 기억합니다	
17	쓸쓸하고 외로운 죽음 고독사	
18	슬프고 아픈 죽음, 자살	
19	잘 물든 단풍은 봄꽃보다 아름답다	

'행복한 죽음 웰다잉 연구소' 커리큘럼

2장 웰다잉 교육, 어떻게 준비해야 할까요?

2회기: 죽음이란 무엇일까요?

죽음이란 무엇인지 함께 생각해 보는 시간입니다. 내가 생각하는 좋은 죽음, 그리고 나는 어떤 죽음을 맞이하고 싶은지 활동지를 작성하고 생각을 나눠봅니다. 죽음에 대한 학문적, 의료적, 문화적, 종교적 정의에 대해 살펴봅니다. 오늘날의 죽음 문화와 현대사회, 병원에서 맞이하는 죽음의 모습에 알아봅니다. 다양한 임종 사례를 살펴보고, 좋은 죽음은 곧 좋은 삶에서 출발함을 공부합니다. 죽음을 통해 앞으로의 삶을 어떻게 살아가고 싶은지를 적어 보는 '나의 웰다잉 선언문'을 작성하고 소감을 나눠봅니다. 앞으로 어떤 삶과 죽음을 맞이하고 싶은지 다짐하는 시간을 갖습니다.

3회기: 인간답게 죽을 수 없을까요?

웰다잉의 준비 중 몸의 준비에 관한 것들을 생각해 보는 시간입니다. 병원에서 맞이하는 죽음, 그리고 우리나라의 임종 문화에 대해 살펴봅니다. 환자의 알 권리와 자기결정권을 어떻게 지켜나갈 수 있는지 살펴봅니다. 의료 현장의 죽음과 환자, 의료진, 보호자의 갈등을 사례를 통해 알아봅니다. 무의미한 연명의료를 중단하고 주체적으로 죽음을 맞이한 분들을 살펴봅니다. 무의미한 연명의료중단, 그리고 연명의료결정제도와 사전연명의료의향서에 대해 안내합니다. 사전연명의료의향서를 작성할 수 있는 기관과 방법, 유의 사항에 대해 알아보고 소감을 나눠봅니다.

4회기: 품위 있는 죽음의 완성, 호스피스

무의미한 연명의료를 원하지 않는다고 해서, 죽을 때까지 아프 길 바라는 건 아닙니다. 그럴 때 우리가 대안으로 선택할 수 있는 곳이 바로 호스피스 완화의료 시설입니다. 말기암에 대한 이해, 그 리고 임종을 앞둔 환자를 어떻게 돌봐야 하는지, 호스피스 완화의 료를 통해 어떤 도움을 받을 수 있는지 살펴봅니다. 호스피스 완화 의료 시설 이용 절차와 현황을 알아보고 소감을 나눠봅니다.

5회기: 죽음 너머엔 뭐가 있을까요?

인간이 죽음에 대해 궁금해하는 것 중 하나는 영혼과 사후세계 의 존재 여부입니다. 실제로 영성, 그리고 신앙은 죽음불안에 영향 을 미칩니다. 각 종교에서 바라보는 사후세계, 내세관은 무엇인지, 그리고 임사체험, 전생, 빙의 같은 현상과 더불어 의사, 과학자들 이 바라보는 영혼과 사후세계에 대해 살펴봅니다. 영혼과 사후세 계에 대한 주제는 민감한 주제이기 때문에 교육 시작 전 참여자들 에게 미리 안내해야 합니다. 참여자 각각의 종교가 다르기 때문에, 한 종교에 치우치기보다 각 종교의 내세관을 균형 있게 소개해야 합니다. 또한 교육을 의뢰한 교육기관이 종교시설일 경우 사전에 이에 대한 협의와 조율이 필요합니다.

6회기 ~ 11회기: 미술활동

미술활동을 통하여 인생을 돌아보는 활동입니다. '나는 누구인

2장 웰다잉 교육, 어떻게 준비해야 할까요?

가요?'는 나의 삶 색칠하기를 통하여 삶의 기록을 되돌아보는 활동입니다. '나의 고향은 어디인가요?'는 고향에 대한 회상을 통해 유년기를 되돌아보는 활동입니다. '아름다운 나의 손'은 손 그리기를 통하여 그동안 살아오면서 이뤄온 일들과, 앞으로 내 손으로 하고 싶은 일들을 살펴봅니다. '내 인생 꽃피우기'는 꽃 그리기를 통하여 내 인생에서 가장 아름다웠던 때를 추억함과 더불어 나의 삶을 긍정하는 시간입니다. '함께 식사를 해요'는 살아오면서 감사한 이들을 떠올려 보고, 그 사람에게 식사를 대접하고 싶은 이유와 어떤 음식을 나누고 싶은지를 그려봅니다. 내 삶에 의미 있는 사람을 돌아보는 시간입니다. '보석함을 남겨요'는 보석함 그리기 활동을 통하여 자녀와 후손에게 나눠주고 싶은 내 삶의 유산은 무엇인지 살펴보는 시간입니다. 미술 활동은 1회기부터 5회기까지의 이론 교육이 진행된 다음 이뤄지는 것이 효과적입니다. 대상과 상황, 회기 수에 따라 회기 수를 가감하여 진행합니다.

12회기: 마음으로 용서하기

마음의 준비에 관한 것들을 생각해 보는 시간입니다. 임종을 앞둔 이들 중에는 미움과 분노로 어려움을 겪는 분들이 있습니다. 그래서 용서와 화해는 좋은 죽음에 필수적인 조건입니다. 용서하기 위해서는 마음에서 우러나와야 합니다. 나의 마음을 살펴보고 돌아보는 활동을 통하여 나를 용서하는 시간을 갖습니다. 더불어 용서와 화해를 통하여 내 삶에서 용서하고 사과하고 싶은 사람은 누구인지 떠올려 봅니다. 마지막에는 용서와 화해의 기도문과 명상을 통하여 마음속에서 용서하는 시간을 가져봅니다.

13회기: 마음 튼튼, 마음 챙김 명상

평화로운 삶을 살아가기 위해 명상이란 무엇인지, 왜 명상을 해야 하는지 필요성과 마음챙김 명상의 원리에 대해 알아봅니다. 명상의 종교적 성격은 배제하고 최대한 실용적, 객관적으로 진행합니다. 활동을 통하여 스스로를 괴롭히는 생각들을 써보고 지켜봅니다. 과거에 매몰되지 않고, 미래를 두려워하지 않으며, 오직 현재에 깨어 있는 훈련을 합니다. 이론 교육과 실습으로 진행하며 지금, 여기, 이 순간에 살아 있음을 알아차리는 시간을 가져봅니다.

14회기: 유언장 어떻게 작성해야 할까요?

유언장 작성의 필요성과 유언장의 종류, 자필 유언장을 작성할 경우 법적으로 효력 있는 유언장을 작성하기 위해 지켜야 할 조건들에 대해 공부합니다. 또 유언장 작성을 통하여 좋은 마무리를 한 사례를 살펴봅니다. 유언장을 작성한다면 유산은 어떻게 나눠줄 것인지, 어떤 내용을 담을지 생각해 보고 연습해 봅니다. 유언장은 단시간 내에 작성하기 어렵습니다. 올바른 유언장 작성 방법을 안내하고 개별적으로 작성하도록 안내합니다. 변호사를 초빙하여 세무 상담 등과 같은 전문적인 내용으로 특강을 진행하는 기관도 있습니다.

15회기: 나의 장례희망은?

장례식의 의미와 내가 생각하는 장례식에 대해 공부합니다. 생전장례식, 자신의 장례식을 스스로 준비한 분들의 사례, 친환경 장례식, 매장, 화장, 수목장, 바다장 등 장법의 변화 등에 대해서 살펴봅니다. 사전장례의향서 작성을 통하여 자신의 장례식을 준비해 보고, 묘비명 작성을 통한 인생 회고를 해봅니다.

16회기: 당신을 기억합니다

사별과 애도에 대하여 알아봅니다. 사별자의 심리를 파악하고, 건강한 애도의 방법은 무엇이며, 사별의 슬픔을 견뎌내기 위해서 무엇을 해야 하는지 사례를 살펴봅니다. 고인에 대한 기억을 떠올려보고, 못다 한 이야기를 전하는 '천국으로 보내는 편지 써보기' 활동을 해봅니다. 프로그램 참여 인원이 적을 경우에는 고인에게 전하는 꽃다발 그리기 미술 활동과 편지 써보기 활동을 진행하고 마음을 나눠봅니다. 수업 도중 참여자의 사별 상처가 크거나 트라우마가 있을 경우 교육 담당자에게 의뢰하여 전문적인 상담을 진행할 수 있도록 안내합니다. 웰다잉 교육과 사별 상담은 별개로 진행해야 합니다.

17회기: 쓸쓸하고 외로운 죽음 고독사

1인 가구 증가에 따라 점차 늘어나고 있는 고독사, 무연고 사망자에 대해 알아봅니다. 고독사란 무엇이며, 사례를 살펴봅니다. 고독사를 예방하기 위해서 스스로 어떤 준비를 해야 하는지, 또 이웃에서 발생하는 고독한 죽음을 예방하기 위해 관심 가져야 할 것들을 알아봅니다. '비우고 나누고 채우기' 활동을 통하여 내 집에서 버려야 할 물건들, 나누고 싶은 물건들, 남겨주고 싶은 물건들을 정리해 봅니다.

18회기: 슬프고 아픈 죽음, 자살

높은 자살률을 보이는 대한민국의 자살 현황에 대해 살펴봅니다. 자살이란 무엇이며, 자살시도자의 심리를 사례를 통해 알아봅니다. 자살에 대한 진실과 오해, 우울증 예방 수칙, 자살 충동시 도움을 받을 수 있는 기관, 이웃의 자살을 예방하기 위해 어떻게 도울 수 있는지를 공부합니다.

19회기: 잘 물든 단풍은 봄꽃보다 아름답다

노년기 긍정적 인생 회고와 자존감에 대해 살펴봅니다. 자존감은 죽음불안과 상관관계가 있습니다. 봉사와 나눔은 노년기 자존감을 높이는 역할을 합니다. 자아실현을 넘어 자아 초월의 단계를 지향합니다. 다양한 사례를 통해 봉사와 나눔의 의미에 대해 알아봅니다. 마지막으로 '나에게 주는 상장' 작성하기 활동을 통하여 자신에 대한 긍정성을 높일 수 있도록 돕습니다.

현실적인 교육 설계

우리 연구소의 기본적인 교육 커리큘럼은 위와 같습니다. 커리큘럼은 교육 기관의 요청에 따라 협의합니다. 교육 내용은 웰다잉 교육 기관에서 진행하는 강사 자격증 과정을 통해 자세히 배울 수 있습니다. 웰다잉 강사 양성 기관들의 커리큘럼을 비교해 보면 차이도 있지만 대부분 유사합니다. 유사한 내용이 많다는 것은 웰다잉 교육 과정의 핵심은 동일하다는 뜻입니다. 그러나 웰다잉 강사 과정에서 배운 것만을 반드시 고수할 필요는 없습니다. 이를 기본으로 자신만의 교육 내용을 개발해야 합니다. 강의는 자신의 시각으로 재해석, 재창조해야 합니다. 교육받은 내용을 그대로 전달하는 것을 넘어 강사의 가치관과 생각이 담겨 있어야 합니다. 그래야 남들과 차별되는 경쟁력 있는 강사가 될 수 있습니다.

제가 처음 웰다잉 강사로 활동을 시작했을 때는 5회기의 커리큘럼을 가지고 있었습니다. 가장 자신 있는 것들, 잘 안다고 확신하는 것을 바탕으로 어르신들에게 꼭 필요한 내용을 다듬어 5회기 교육을 진행했습니다. 초창기에는 커리큘럼을 안정시키는 데 주력했습니다. 교육 내용을 만들고 수십, 수백 번의 피드백 과정을 거쳤습니다. 소위 말하는 주력 상품, 베스트셀러 제품을 만들기 위해 노력했습니다.

그런데 교육을 진행하며 어르신들의 다양한 욕구를 발견하기 시작했습니다. 저도 웰다잉 공부와 강의를 병행하면서 교육을 보다 효과적으로 진행할 수 있는 다양한 이론과 사례를 접하게 되었습니다. 웰다잉의 메시지를 가장 잘 전달할 수 있는 핵심 주제를 바탕으로 메인 콘텐츠를 만들었고, 이를 발판 삼아 콘텐츠를 확장해 나갔습니다. 이론뿐 아니라 어르신들의 교육 참여를 높이고 효과성을 높이기 위해 다양한 활동과 양식을 제작하고 시도하였습니다. 지금도 매년 새로운 커리큘럼을 개발하고 테스트하여 다듬어 가고 있습니다. 그러다 보니 5회기였던 교육 회기가 19회기로 늘어났습니다.

교육 과정을 수립할 때는 다음과 같은 점을 유념해야 합니다.

1) 교육 기관의 요청 사항을 반영한다.

교육 커리큘럼은 요청하는 기관의 상황에 따라 달라집니다. 회기당 1시간, 20회기를 요청하는 기관이 있고, 회기당 두 시간 5회기를 요청하는 기관도 있습니다. 10명 미만의 폐쇄적인 소규모 그룹을 대상으로 프로그램 진행을 희망하는 기관이 있고, 50명을 대상으로 교양 대학과 같은 열린 교육 진행을 희망하는 기관이 있습니다. 프로그램을 진행하기 위한 예산이 넉넉한 기관이 있는 반면, 예산이 부족하여 최소한의 교육을 진행하기를 희망하는 기관도 있습니다. 그래서 현실적인 교육 커리큘럼을 세우기 위해서는 교육 기관에서 제시하는 조건 하에 진행해야 합니다.

저의 교육 커리큘럼은 필수와 선택으로 나뉘어 있습니다. 그래서 교육 의뢰가 들어올 경우 우선 필수교육을 제안합니다. 웰다잉 교육의 핵심 내용을 미리 알아야 이후 진행될 주제도 이해가 가능합니다. 필수교육을 통해 삶과 죽음의 연관성, 좋은 죽음에 대한 이해가 이루어져야 이후의 교육도 효과적입니다. 만약 필수 주제가 아닌 다른 주제의 교육을 요청할 경우라면, 필수교육의 내용을 간단히 언급하고서라도 해당 주제에 대한 수업을 진행합니다.

2) 교육 담당자와 사전에 협의하고 조율한다.

교육 담당자는 프로그램을 기획하는 사람입니다. 프로그램을 기획한 취지, 강사를 섭외한 이유, 참여하는 대상자의 특성, 웰다잉 교육에 기대하는 효과, 특정 회기 수를 원하는 경우, 왜 그렇게 희망하는지 충분히 의견을 교환해야 합니다. 교육 기관에서 진행하는 웰다잉 프로그램은 독자적으로 진행하는 경우도 있지만, 반대로 노인을 위한 여러 교양 과목 중에 하나로 진행하기도 합니다.

예를 들어 노인복지관이나 교회, 성당, 사찰에서 시니어 대학을 진행하는 경우입니다. 성공적인 노년을 위해 다양한 교양 과목을 다회기로 구성하여 진행합니다. 이를테면 노년기 건강 관리, 자산 관리, 비폭력대화법, 우울증 예방, 치매 예방 등 여러 내용으로 진행되는데, 이와 같은 교육 과정으로 웰다잉 교육을 의뢰하기도 합니다. 이럴 경우, 웰다잉 커리큘럼이 전체 교육 과정의 흐름 중에 어느 부분에 적합할지를 살펴보고 교육 내용을 제안하는 것이 필요합니다. 그러기 위해선 교육 담당자와 충분한 사전 협의 및 조율이 필요합니다. 웰다잉 교육을 진행하는 기관에서는 체험 프로그램을 포함하는 경우도 있습니다. 이를테면 자서전 작성이나 장묘 시설 견학, 입관 체험, 영정 사진 촬영, 야외 나들이, 웃음 치료 등의 활동을 진행합니다. 전체적인 교육 흐름에 맞추어 교육 과정을 구성해야 합니다.

우리 연구소는 자신의 생애 말기 의사와 인생 회고를 작성해 보는 '해피엔딩노트' 작성 과정을 진행하고 있습니다. 연구소에서 자체 제작한 해피엔딩노트를 활용하여 웰다잉 준비에 필요한 자아탐구, 인생회고, 웰다잉 선언문, 알 권리와 자기 결정권, 호스피스 이용 희망 여부, 장기기증 서약서, 사전장례의향서, 유언장 등을 작성합니다.

웰다잉 교육은 어떻게 좋은 죽음을 맞이할 것인가에 더불어 어떻게 좋은 삶을 살아갈 것인가에 대한 질문을 던집니다. 자원봉사자, 후원, 나눔, 고독사 예방, 좋은 가정 만들기, 사회복지사 및 요양보호사를 위한 직무교육 등의 웰다잉 교육도 진행합니다. 비록 대상은 다르지만 전하고자 하는 핵심 메시지는 같습니다. 죽음을 통한 삶의 소중함과 의미 있는 삶의 모습, 올바른 생사관과 긍정적 삶의 가치관 고취, 직무 전문성 향상을 위한 다양한 정보를 제공합니다.

경험적으로 후원자, 혹은 자원봉사자를 대상으로 한 웰다잉 교육은 호응도와 효과성이 높습니다. 임종을 앞둔 환자들은 자신의 삶이 의미 있었는지, 그리고 의미 있는 일을 했는지 돌이켜봅니다. 더 많은 돈을 벌고 쌓기보다 나누고 베풀지 못한 것을 후회했습니다. 자원봉사자, 후원자들은 웰다잉 교육에 참여하여 봉사와 나눔의 필요성에 대해 깊이 공감하고, 자신이 살아온 삶이 올바른 방향임을 확신합니다. 앞으로도 누군가를 돕는 삶을 살고 싶다고 말합니다. 잘 살아왔다고 스스로 격려하고 칭찬합니다. 이처럼 웰다잉 기본 커리큘럼을 바탕으로 주제와 상황, 대상에 따라 다양한 교육을 진행할 수 있습니다.

3) 교육 대상자의 특성

노인이라 할지라도 모두 같은 특성을 갖고 있는 것은 아닙니다. 지역, 연령, 성별에 따라 다른 특성을 가지고 있습니다. 또 집단에 따라서도 특성이 다릅니다. 교육 참여 계기가 자발적이냐, 비자발적이냐에 따라 적극성과 교육 태도도 다릅니다. 따라서 대상에 대한 파악이 이루어져야만, 보다 세밀한 커리큘럼 구성이 가능합니다. 노인뿐 아니라 중장년, 일반 시민, 청년을 대상으로 하거나, 직무교육의 일환으로 사회복지사, 요양보호사, 의료종사자 등 특정 직군을 대상으로 교육을 진행할 때도 있습니다. 그러므로 대상의 특성에 따라 각기 다른 커리큘럼을 준비해야 합니다.

4) 강사 역량 점검

강사는 스스로 어느 정도의 교육을 진행할 수 있을지, 자신의 역량을 점검해야 합니다. 커리큘럼을 진행할 수 있는 능력과 자질을 갖추고 있어야 합니다. 실제로 단회기 특강과 다회기 프로그램은 교육을 진행하는 호흡과 지구력이 다릅니다. 단회기의 경우 짧은 시간 안에 메시지를 전달해야 합니다. 따라서 집중력과 순발력이 중요합니다. 다회기의 경우 장기적인 안목으로 긴 호흡을 갖고 임해야 하며 교육생과의 관계도 중요합니다. 집중력과 지구력, 친화력이 중요합니다. 만약 아직 다회기 교육이 불가능하다면, 기관이 요청하는 10회기 교육을 진행하는 것은 무리입니다. 그럴 경우에는 동료 강사나 외부 전문가를 섭외하여 주제를 나눠 적절한 회기를 진행하는 것도 한 방법입니다. 그러나 한 강사가 전체 회기를 모두 진행하는 것과 매 회기 다른 강사가 교육을 진행하는 것은 교육의 목적을 달성하거나 커리큘럼의 일관성을 유지하는 데 차이가 있습니다. 각자 장단점이 있으므로 적절한 방식을 선택하여 진행하는 것이 필요합니다.

3장

웰다잉 교육,

어떻게 진행해야 할까요?

교육 의뢰가 들어오면 어떻게 해야 하나요?

교육 기관에서 교육 의뢰가 들어왔습니다. 어떻게 진행해야 할까요?

첫째, 교육 기관, 시간, 대상, 주제를 파악한다

본인이 진행할 수 있는 교육 기관, 시간, 대상, 주제인지를 파악하는 것이 중요합니다. 스스로 충분히 준비되어 있는지를 점검해야 합니다. 처음이라면 특히나 강의 경험을 쌓을 수 있다는 기쁨에 시간, 장소, 주제를 불문하고 교육 요청을 수락하곤 합니다. 저도 마찬가지였습니다. 그러나 교육을 마치고 난 다음 스스로의 역량과 준비가 부족했다거나, 경험을 쌓기에 적합한 곳은 아니었다는 점을 깨닫기도 합니다.

예를 들면 저에게 웰다잉 교육을 의뢰한 보험회사가 있었습니다. 기업 교육은 처음인지라 경험을 쌓겠다는 마음으로 교육을 수락했습니다. 게다가 제안받은 강사비도 당시에는 높은 편이었습니다. 당일 방문하여 교육을 진행해 보니 보험 판매자를 대상으로 죽음에 대한 경각심을 높여 생명보험을 판매할 수 있게끔 유도하는 보험 판매 교육이었습니다. 심지어 제가 강의하는 시간은 짧았고, 이후에는 보험 판매 교육이 이루어졌습니다. 교육을 마치고 저는 의욕만 앞선 채 자세히 알아보지 못한 점을 후회했습니다. 이런 경험은 기업 교육뿐 아니라 노인 이용 시설에서도 있었습니다. 교회, 성당, 절, 상이군인회, 치매 보호자 등을 대상으로 한 단체도 마찬가지입니다. 교육 의뢰가 들어온다면 우선 스스로 준비가 되어 있는지, 해당 주제에 대해 교육이 가능한지 파악하는 것이 중요하며, 진행이 어렵다면 거절도 필요합니다. 어느 곳에서나 잘하는 것이 아니라 할 수 있는 곳에서 잘하는 것이 중요합니다.

둘째, 교육 장소를 파악한다

노인복지관, 종합사회복지관, 교회, 성당, 경로당, 도서관, 구청 등 교육 기관의 장소를 파악해야 대략적인 분위기를 알 수 있습니다. 그래서 열정적인 강사들은 교육 장소에 사전 답사를 다녀옵니다. 교육 담당자가 교육이 이루어질 장소의 사진을 미리 보내주기도 합니다. 장소에 따라 교육 분위기가 달라지기 때문입니다. 예를 들면 노인복지관의 교육 대상은 복지관을 이용하는 60세 이상 노인입니다. 건강하고 자발적이며 학습에 대한 욕구가 있습니다. 반면 교회와 성당의 노인대학은 신앙 중심 공동체이며 종교적 성향이 강합니다. 의자에 일렬로 앉아서 교육을 듣습니다. 책상이 없다 보니 글을 쓰거나 메모하기가 다소 어렵습니다. 경로당은 노인이 이용하지만, 노인복지관에 비해 연령대가 높고 환경이 불규칙적입니다. 소파가 부족하여 바닥에 앉거나 눕는 경우도 있습니다. 때론 소일거리나 고스톱을 하기도 합니다. 한 복지관에서는 장소가 부족하여 경로식당에서 교육을 진행한 적이 있습니다. 점심 식사를 준비하는 오전 11시였는데, 주방에서는 도마를 두드리는 소리가 나고, 음식을 조리하는 열기로 숨을 쉬기가 어려웠습니다. 교육에 참여하는 분들도 식사를 앞두고 있어 쉽게 집중하지 못했습니다. 이런 장소에서의 교육은 강사와 교육생 모두에게 어렵습니다. 그래서 저는 교육 기관과 장소의 분위기를 대략적으로 파악하기 위해 인터넷 지도로 해당 장소의 건물을 미리 살펴보기도 합니다. 또 해당 기관의 홈페이지를 방문하여 기관의 운영 현황과 프로그램을 살펴보며 분위기를 파악하기도 합니다.

셋째, 교육 대상을 파악한다

교육생에 대한 파악이 이루어져야 교육 계획을 세울 수 있습니다. 교육생이 어떤 특성을 가지고 있는지 파악해야 합니다. 교육 담당자와의 대화를 통해 교육생에 대한 사전 정보를 습득하는 것이 필요합니다. 저는 교육 의뢰가 들어올 경우, 교육 담당자에게 교육생들에 대하여 자세히 묻습니다. 시민, 대학생, 환자, 보호자, 노인, 도서관 이용자 등인지를 파악합니다. 노인복지관을 이용하는 노인이라면 연령대, 성별 분포, 학력 수준 등을 대략적으로라도 파악합니다. 공개적으로 진행되는 수업에 자발적으로 신청하여 참여하는 분들이 있는 반면, 특정 그룹을 대상으로 진행되는 비공개 수업에 비자발적으로 참여하는 분들도 있습니다. 이와 같은 정보를 미리 습득하여 교육 대상에 따라 교육 내용과 톤, 전달기법, 화술을 맞춰야 합니다.

넷째, 교육 내용을 파악한다

교육 내용은 곧 교육 목적입니다. 담당자가 요청하는 교육 내용은 무엇이며, 어디에 초점을 두고 교육을 진행해야 할지 담당자와 협의가 필요합니다. 이에 따라 대상에 맞는 적합한 교육 내용을 선정하고 설계하는 것이 필요합니다. 물론 교육 담당자가 원하는 내용을 우선해야 하지만, 웰다잉 교육 전문가의 입장에서 보다 적합한 커리큘럼을 먼저 제안하고 안내하는 것도 중요합니다.

다섯째, 강사비를 파악한다

강사비는 강의가 성사되는 중요한 조건 중 하나입니다. 강의에 적합한 강사비를 받아야 합니다. 강의를 할 수 있다, 혹은 경험을 쌓을 수 있다는 생각에 무급으로 강의하거나 재능기부로 강의하는 경우도 있습니다. 또한 낮은 강사료에도 기꺼이 강의하는 분들도 있습니다. 선한 의지로 활동하는 일은 박수받아 마땅합니다. 그러나 모두가 같을 수는 없습니다. 은퇴 이후 사회적 환원 목적으로 웰다잉을 전파하기 위해 강의하는 분들도 있지만, 강사가 본업인 분들도 있습니다. 대가가 주어지지 않으면 활동을 지속하기 어렵습니다. 정당한 보수가 주어지지 않는다면, 강의하지 않는 것이 좋습니다.

이와 같은 내용을 토대로 대략적인 교육 계획을 디자인합니다. 저는 담당자가 강의를 신청하면 교육 신청서 작성을 요청합니다.

이를 확인하여 교육 계획서를 작성합니다. 대부분의 교육 기관에서는 교육 의뢰 시 교육 계획서를 요청합니다. 원활한 행정 절차를 위해서이기도 하지만, 강사 스스로도 교육 계획서를 작성하며 교육 목표와 계획, 진행 과정을 확인할 수 있습니다. 그리고 작성된 내용을 교육 담당자에게 전달하여 교차 검토하고 확인하는 과정이 필요합니다.

교육명:

교육 일시:

교육 대상:

교육 장소:

강사료:

교육 목표:

교육 내용:

　- 1회기:

　- 2회기:

교육시 필요사항:

교육 기대효과:

교육신청서

이와 같은 과정을 통해 교육 계획을 세워야 합니다. 익숙해지면 단순하지만, 처음 강사로 활동하는 분이라면 반드시 신경 써야 할 부분입니다. 교육 기관과 장소, 대상자는 교육 당일에나 확인할 수 있기 때문에 사전 정보가 전무합니다. 따라서 머릿속에 대략적으로 교육에 대한 밑그림을 그려놓고 준비해야 합니다. 물론 교육이 준비한 것과는 달리 전혀 다른 분위기로 진행되거나 돌발상황이 발생할 수 있습니다. 기관 사정으로 교육 시간이 지연되어 단축해서 진행해야 할 경우도 있고, 기자재가 원활하게 작동하지 않을 수도 있습니다. 계획대로 진행되면 좋지만, 예상대로 흘러가지 않을 수 있습니다. 하지만 계획을 세우며 교육을 진행하는 것과 계획 없이 교육을 진행하는 것은 다릅니다. 설계도에 맞춰 집을 짓다가 변경할 수는 있지만, 설계도 없이 집을 짓는 것은 불가능합니다.

담당자와의 의사소통, 중요합니다

계속 강조하지만, 교육 담당자와의 의사소통이 중요합니다. 소통 정도에 따라 교육의 질이 달라집니다. 담당자는 교육에 대한 목적과 계획, 의도, 시설, 참여자, 예산 등 교육에 필요한 모든 정보를 가지고 있습니다. 따라서 교육 담당자와 긴밀하게 협조해야 합니다. 교육 담당자가 교육을 의뢰할 경우 대부분 한 번, 많게는 세 번 정도의 연락을 주고받습니다. 그러나 한 번의 연락으로는 교육에 대한 정보를 수집하기는 어렵습니다. 예를 들어보겠습니다.

교육 담당자: 소장님. 다음 달에 저희 복지관 이용자분들 대상으로 웰다잉 교육 부탁드려요.

나: 조금 구체적으로 여쭤봐도 될까요? 혹시 교육을 듣는 분들은 어떤 분들이실까요?

교육 담당자: 저희 기관은 종합사회복지관인데요. 지역 사회에서 혼자 사는 1인 중년 남성 가구 분들을 모시고 자조 모임을 진행하고 있습니다. 연령대가 40대 후반에서 60대 초반이세요. 그런데 이분들과 모임을 진행하다 보니까 혼자 사는 중년 남성들은 어떻게 죽음을 준비해야 하는지 궁금해하시더라고요. 요새 고독사도 꽤 있잖아요. 그런 내용으로 부탁드리고 싶습니다.

처음 연락이 왔을 때는 '저희 복지관 이용자분들' 대상으로 교육을 희망한다고 했습니다. 그러나 자세히 살펴보니 '혼자', '40대에서 60대 초반', '남성', '1인 가구', '구체적인 죽음 준비'에 대한 정보들을 얻을 수 있었습니다. 또한 '종합사회복지관'이라는 장소도 얻을 수 있었습니다. 첫 대화만 가지고 제가 교육을 계획했다면 막연했을 것입니다. 그러나 두 번째 대화를 통해 대상과 정보를 파악하고 나니 교육 내용에 대한 구체적인 가늠이 되었습니다. 교육 담당자와의 소통 없이는 어려운 일입니다.

다음으로는 행정 처리 절차도 중요합니다. 원활한 교육 진행을 위해서는 교육 담당자가 요청하는 행정 처리에 협조해야 합니다.

교육 담당자는 교육을 진행하기 위한 계획과 절차 수립, 승인 요청, 참여자 모집, 홍보, 예산 집행, 준비, 진행, 모니터링, 결과 보고 등의 과정을 진행합니다. 교육을 마치면 강사의 역할은 끝나지만, 교육 담당자는 계획부터 종료까지 모든 절차를 서류로 기록합니다. 그러므로 원활한 교육 진행을 위해서는 행정 절차에 필요한 요청 서류를 신속하게 제출하는 것이 필요합니다. 교육을 의뢰한 교육 기관에서는 교육 계획서, 강사 프로필, 통장 사본을 기본적으로 요청하고, 이외에 추가로 강사 자격증 사본, 신분증 사본과 같은 서류를 요청하기도 합니다. 최근에는 성범죄 조회 동의서, 노인 관련 기관에서는 노인학대 범죄 조회서, 아동학대 범죄 조회서 또 성폭력 교육 이수 수료증, 개인정보 제공 동의서를 요청하는 곳도 있습니다.

이와 같은 행정 처리 절차가 서로 원활하게 이루어지지 않으면 강사와 교육 담당자 간의 갈등이 초래되기도 합니다. 이와 같은 사례를 심심찮게 봅니다. 이런 절차들이 강사 입장에서는 번거롭고 불편합니다. 하지만 교육 담당자도 번거롭긴 마찬가지입니다. 서로가 불편하다면 적극적인 소통으로 신속하게 진행하는 것이 좋습니다. 강사로서 교육 담당자에게 보일 수 있는 성의는 '속도'라고 생각합니다. 따라서 행정적인 절차에 신속하게 응대하기 위해 노력합니다. 교육 담당자들도 관련 서류를 제출하는 방법이나 작성해야 할 양식 등을 자세히 안내하므로 그리 어렵지 않습니다. 다만 강의계약서의 경우는 꼼꼼히 살펴보는 것이 좋습니다. 자칫 놓칠 수 있는 강사료 지급 일시, 원천징수 종류, 강의자료 활용 및 온라인 공개 여부, 저작권 등을 꼼꼼하게 파악해야 합니다.

교육 계획서는 단순히 기관 제출용으로 필요한 것이 아니라 강사 스스로 교육을 준비하고 점검하는 용도로도 중요합니다. 강사 이력서는 강의 때만 제출하는 것이 아니라 수시로 정리하고 업데이트해야 합니다. 강사 이력서에는 성명, 주소, 이메일, 홈페이지, 연락처 등과 같은 기본적인 개인정보와 학력, 경력, 관련 자격 현황, 저서, 강의 경력 등을 정리해 놓으면 됩니다. 굳이 여러 장으로 장황하게 쓰지 말고, 최소 두 장으로 정리하는 것이 좋습니다. 웰다잉 교육 관련 자격증, 수료증을 스캔하여 하나의 문서로 만들어 두는 것도 필요합니다. 강사비 입금에 필요한 통장 사본도 디지털 파일로 준비해 놓으면 좋습니다. 이와 같은 행정 서류는 스마트폰에 휴대하고, 교육 담당자가 요청할 경우 신속하게 이메일이나 메신저를 통해 전달합니다. 교육 계획서를 요청할 경우에도 최소 이틀 이내에는 발송합니다. 평소에 이와 같은 서류들을 잘 작성하여 정리해 놓은 것도 중요합니다.

교육 담당자와는 가급적 '문자'를 통해 조율하기를 추천합니다. 물론 주 소통은 대면이나 통화로 하는 것이 좋습니다. 그러나 서로 일정이 맞지 않을 때는 핵심적인 내용은 통화로 하되, 부수적인 내용은 '문자'를 통해 조율하고 확인하는 편이 좋습니다. 텍스트로 남겨두지 않는다면 정보를 잘못 기억하거나, 기억하지 못할 때도 있습니다. 그래서 저는 교육 담당자와 통화 이후 메일이나, 문자, 메신저, SNS를 통해서 소통한 내용을 확인하고 다시 점검합니다. 이런 식으로 진행하면 따로 메모하지 않아도 해당 기관과의 소통 내용을 파악할 수 있습니다.

강의는 강사 혼자만의 힘으로 할 수 없습니다. 연극을 예로 들었을 때, 강사는 배우로 볼 수 있습니다. 배우는 감독의 지시에 따라 움직여야 합니다. 감독의 연출에 따라 교육을 진행하게 됩니다. 그만큼 강사와 더불어 교육 담당자의 역량도 중요합니다. 강의 분위기를 좌우하는 것 역시 교육 담당자의 몫이 큽니다.

기억에 남는 두 기관이 있습니다. 사실 웰다잉이란 용어는 어르신들에게 다소 낯설 때가 있습니다. 외래어이기 때문에 언뜻 바로 알아듣기 어렵습니다. 그리고 막상 뜻을 안다 해도 죽음이라는 내용 때문에 거부감을 느끼기도 합니다. 그런데 어느 기관의 교육 담당자는 어르신들의 문의 하나하나에 상세히 설명했습니다. "어르신, 웰다잉이라고 잘 살고 잘 죽는 법을 알려주는 수업이에요. 그런데 우리가 죽기 전에 아플 수도 있고, 인공호흡기 같은 것을 할 수도 있고, 또 유산 때문에 자식들도 서로 싸울 수 있고, 준비해야 할 것들이 많잖아요. 그런 것들을 좀 어떻게 해야 하는지 같이 생각해 보는 수업이에요. 들어보신 분들이 참 좋다고 하시더라고요. 편하게 한번 들어보시겠어요?" 어르신의 눈을 맞추고 친절하게 설명하는 담당자의 모습에 감동을 받았습니다. 통상적으로 교육 담당자는 한 개의 교육만 담당하는 것이 아니라 수십 개의 프로그램을 동시에 관리하고 진행합니다. 그리고 참여자 모집도 관내 게시판과 홈페이지에 참여자 홍보 공고문을 올려서 모집하는 경우가 일반적입니다. 저도 노인복지관에서 평생학습 담당자로 근무했지만, 매일 수십 개의 교육을 관리하느라 정신없이 바쁠 수밖에 없습니다. 교육 담당자도 최선을 다하지만, 참여자 모집이 잘되지 않을 때도 있습니다. 그러다 보니 실제로 교육 당일에 가보면 참여자 모집이 되어 있지 않은 경우도 있습니다. 비어 있는 자리를 보면 기운이 빠질 수밖에 없습니다. 게다가 막상 교육을 신청한 분들도 어떤 수업인지 잘 모르고 들어오시는 경우가 있습니다. "웰다잉은 모르겠고 웰~ 뭐라고 하기에 운동 수업인 줄 알았지. 죽는 이야기면 안 들어왔지." 이런 말씀과 함께 수업 중간에 교육장을 나가는 분들도 있습니다. 첫 회기 수업을 마치면 다음 회기부터 나오지 않는 분들도 있습니다. 반면 교육의 목적과 의도를 자세히 설명하고, 적극적으로 참여자를 모집한 프로그램의 교육생들은 첫 만남부터 다릅니다. 긍정적으로 교육에 참여하고 활발하게 의견을 표현하며 질문합니다. 이처럼 교육 담당자의 역량에 따라 분위기와 참여도가 다를 수밖에 없습니다.

웰다잉 수업 시작 전, 두 번의 오리엔테이션을 통해 어르신들과의 관계를 형성하는 시간을 갖도록 한 교육 담당자도 기억에 남습니다. 오리엔테이션을 통해 서로를 소개하고, 참여 동기를 나누며 교육생들끼리 친근해지도록 돕습니다. 어르신들을 위한 다과와 음료까지 정갈히 준비되어 있습니다. 이런 경우 수업에 필요한 모든 기자재와 자료까지, 강사를 위한 준비도 철저합니다. 교육 진행 중에는 교육 내용과 과정, 어르신들의 반응을 계속 모니터링하고, 사진과 동영상을 촬영합니다. 교육 종료 후에는 어르신들께 소감을 묻습니다. 교육에 참여한 어르신들은 강사에게 "교육이 참 좋았어요"라는 말씀을 하실 뿐 불만이나 어려움을 잘 표현하지 않습니다. 불편한 이야기는 교육을 마친 후 교육 담당자에게 전하는 경우가 많습니다. 그래서 교육 담당자에게 어르신들의 피드백을 묻고 반영하여 수정하는 것이 필요합니다. 수료식 때는 교육 담당자가 촬영한 동영상을 함께 시청하며 그동안의 수업을 돌아봅니다. 강사로서도 웰다잉 교육 성과를 눈으로 확인할 수 있어 감동적이었습니다. 참여자들의 성취감을 높일 수 있는 수료증을 기관장님께 부탁하여 직접 전달해 주실 수 있도록 요청합니다. 이처럼 교육 담당자의 역량에 따라 교육의 완성도는 달라집니다.

반면 무관심한 교육 담당자도 있습니다. 교육 당일 교육장에 도착해도 담당자의 얼굴을 볼 수 없는 경우도 있습니다. 교육 장소의 빔프로젝터, 음향 연결도 스스로 알아서 해야 할 때가 있고, 교육생들과 강사가 방치되기도 합니다. 저는 강사에 대한 가장 기본적인 관심은 '물'이라고 생각합니다. 오랜 시간 말을 해서 목이 마를 때는 더욱 간절합니다. 달콤한 음료나 따뜻한 차를 준비해 주는 곳도 있지만, 오히려 입을 더 마르게 합니다. 다과도 수업 시간에 먹기는 힘듭니다. 꼭 필요한 것은 물 한 잔입니다. 그조차 배려받지 못할 때를 대비하여 가방에 텀블러나 비상용 생수를 넣어 다닙니다. 교육 담당자의 태도로 교육 분위기가 산만해질 때도 있습니다. 기록을 위해 과도하게 강의실을 돌아다니며 사진 촬영을 하거나, 수업 도중 교육장을 가로질러 교육생들에게 다과를 제공하는 경우 교육생의 집중도는 떨어집니다. 맨 뒷자리에 앉아 스마트폰을 보며 동영상을 시청하거나, 통화를 하거나, 동료끼리 잡담을 하고, 잠을 자는 경우도 있습니다. 때론 교육생이 자신의 생각을 고집하며 목소리를 높여 강사에게 항의하거나, 수업 진행을 방해할 때조차 무관심합니다. 불만을 호소하는 한두 분의 의견을 대변하여 강사에게 교육 내용 변경을 요청하는 경우도 있습니다. 강사는 안전한 환경에서 교육할 수 있어야 합니다. 보호받아야 합니다. 교육 담당자로서 강사에 대한 기본적인 배려를 알고 지키는 것이 중요합니다.

교육 담당자의 기획 의도와 준비, 그리고 강사의 교육, 교육생의 적극적인 참여가 삼박자로 어우러질 때 강사로서 가장 큰 보람을 느낍니다. 강사는 교육의 목적이 달성되었고, 교육 담당자는 교육생의 변화가 보이며, 교육생은 배움의 목적을 달성했을 때 보람 있습니다. 이를 위해서는 교육 담당자와의 원활한 의사소통이 되어야 합니다. 교육 담당자의 경조사를 챙기거나, 선물을 주고받거나,

사석에서 식사를 하는 식의 친분을 맺으라는 것이 아닙니다. 서로 맡은 일을 잘 해나가면 쉽게 친해질 수 있습니다. 서로 맡은 바를 다하기 위해 함께 노력하는 것이 중요합니다.

강사비, 얼마를 받아야 하나요?

교육 의뢰가 들어왔을 때 확인해야 할 내용 중 하나는 강사비입니다. 물론 사회 환원과 재능기부로 강의하는 자원 강사들은 강사비에서 자유롭지만, 대부분의 강사는 강의로 경제활동을 하기에 강사비는 중요합니다. 물론 높은 강사비를 받으면 좋지만, 현실적으로 쉽지 않습니다. TV에 나오는 유명 강사들은 회당 백만 원에서 천만 원 이상 받는다고 하지만, 이는 일부일 뿐 대부분에게는 꿈과 같은 이야기입니다. 교육을 의뢰하는 교육 담당자와 교육 목적, 커리큘럼, 교육생들에 대해 원만하게 조율이 되었으나 강사비에 대해서는 끝까지 이야기하지 않거나, 마지막이 되어서야 이야기를 꺼내는 경우가 있습니다. 너무 낮은 금액으로 책정된 경우에는 교육이 무산되기도 합니다. 강사비 협의가 사전에 이뤄졌다면, 이후 조율은 오히려 수월했을지 모릅니다.

강사 입장에서는 비용이 적더라도 경험 삼아 교육을 진행해야 하나 고민이 되기도 합니다. 그러나 강사비는 교육에 대한 보상입니다. 강의를 진행하는 만큼 적절한 보상을 받아야 합니다. 저는 제 기준에 맞지 않는 강사비가 책정된 곳은 가지 않습니다. 물론 교육 담당자에 대한 미안함과 아쉬움도 있지만, 저의 노동의 대가를 낮추고 싶지 않습니다. 처음 행복한 죽음 웰다잉 연구소를 개소하고 강사로 첫걸음을 내디뎠을 때, 당시 강사비는 시간당 3만 원이었습니다. 거리가 꽤 멀었던 곳이라 대중교통을 이용해서 가는 데만 두 시간, 왕복 네 시간이 걸렸습니다. 1시간 교육을 마치고 집으로 돌아오면 총 다섯 시간의 시간이 지나갔습니다. 강사를 시작한 첫해 수입은 연간 300만 원이었습니다. 이전 직장에서 퇴사하고 모아둔 퇴직금이 어느새 바닥났습니다. 교육 경험이 부족했기 때문에 적은 금액으로라도 경험을 쌓고 싶었습니다. 10년이 지난 지금은 그보다 높은 강사비를 받고 있습니다. 기준보다 낮은 강사비가 책정되거나, 재능기부를 요청하는 경우는 응하지 않습니다. 제가 기준에 맞는 강사비를 받아야 웰다잉 강의를 처음 시작하는 강사들도 적합한 강사비를 받을 수 있습니다. 경력과 경험이 많은 제가 낮은 강사비를 받는다면, 다른 강사분들은 저보다 낮은 강사비를 받을 수밖에 없기 때문입니다.

대부분은 서로 협의하여 납득이 가능한 금액에서 강사비가 조정됩니다. 그런데 강사 활동을 처음 시작한 경우라면 어느 정도의 강사비를 요청해야 할지 조심스러울 수밖에 없습니다. 적은 비용은 손해를 보는 것 같고, 높은 비용은 강의가 성사되지 않을 것 같기 때문입니다. 꽤 많은 강사가 이와 같은 고민을 털어놓습니다.

그러나 대부분의 관공서, 혹은 정부 보조금으로 교육을 진행하는 기관들은 저마다 강사비 기준이 있습니다. 지자체나 혹은 사업별로 마련된 강사비 기준표가 있어 자격에 해당하는 강사비를 지출해야 합니다. 기준을 넘어서거나 기준 외에 임의대로 강사비를 지출한다면 지도 점검과 감사에 문제가 될 수 있습니다. 강사비 기준표는 높은 금액을 받는 강사에게는 아쉬운 기준이지만, 강의 활동을 시작하는 강사에게는 최소한 보장되어 있는 금액을 받을 수 있는 가이드라인이 되기도 합니다. 다수의 사회복지기관에서 통용하고 있는 사회복지공동모금회 강사비 기준표를 살펴보면 다음과 같습니다.

저는 해당 분야 10년 이상 전문직 종사자이므로 2급에 해당합니다. 그래서 교육 기관에 2급 강사비를 요청합니다. 그러나 이와 같은 강사비 기준은 기관, 지역마다 서로 상이합니다. 통상적으로 사회복지공동모금회 강사비 기준표를 참고하는 것일 뿐 반드시 사용해야 하는 것은 아닙니다. 주무 부처에 따라 문화체육부 강사비 기준을 활용하거나 공무원 기준표, 지자체별 강사비 기준을 활용하기도 합니다. 기준에 따라 강사비가 더 높은 곳도 있고 낮은 곳도 있습니다.

따라서 강의 의뢰가 들어왔을 때 해당 기관에서 어떤 강사비 기준을 적용하고 있는지 확인하여 적합한 강사비를 요청하는 것이 필요합니다. 다만 기관마다 사정과 여건이 상이하여 해당 기준에

구분	기준	강사비

특별
강사
	• 전/현직 장/차관(급) 이상
	• 전/현직 대학총장(급)
	• 전/현직 국회의원
	• 대기업 총수(회장) 또는 국영기업체장
	• 활동경력 30년 이상의 문화예술, 시민단체,
	  기업교육 전문직 종사자
	• 기타 이에 준하는 사회저명인사로 모금회가 인정하는 자
		• 1시간 최대
		  350,000원
		• 초과 시간당 최대
		  150,000원

1급
강사
	• 대학 조교수 이상, 전문대학 부교수 이상
	• 인간문화재, 유명예술인 및 종교인
	• 정부출연 연구기관장
	• 기업/기관 등의 책임급 연구원, 중역
	• 판/검사, 변호사 등 전문자격증 소지자
	• 전·현직 3급 이상 공무원 및 박사학위를 소지한 전·현직
	  4/5급 공무원
	• 사회복지 기관·시설장
	• 활동경력 20년 이상의 문화예술, 시민단체, 기업교육 전
	  문직 종사자
	• 기타 모금회가 인정하는 자
		• 1시간 최대
		  250,000원
		• 초과 시간당
		  최대 150,000원

2급
강사
	• 대학 전임강사 및 전문대학 조교수
	• 전·현직 4/5급 공무원
	• 중소기업체 임원급
	• 기업·기관·단체의 부장급
	• 인간문화재·유명예술인 등 보조출연자
	• 통계이론, SAS, SPSS 등의 전문가
	• 박사학위소지자
	• 특별강사, 일반 1급 및 일반 3급을 제외한 자
	• 사회복지 기관·시설 중간관리자로서 관련 분야 석사 이상
	  학위를 소지한 자
	• 활동경력 10년 이상의 문화예술, 시민단체, 기업교육 전문
	  직 종사자
	• 기타 모금회가 인정하는 자
		• 1시간 최대
		  230,000원
		• 초과 시간당 최대
		  120,000원

3급
강사
	• 전·현직 6급 이하 공무원
	• 전임이외의 외래시간 강사
	• 외국어/전산 등 학원 강사
	• 체육, 레크레이션 등 전문강사
		• 1시간 최대
		  170,000원
		• 초과 시간당 최대
		  100,000원

사회복지공동모금회 강사비 기준표

부응하는 강사비를 주지 못하는 경우도 많습니다. 그럴 때는 교육 담당자와 강사의 협의가 필요합니다. 이를테면 "회기당 한 시간, 23만 원의 강사비를 책정해야 하지만 기관이 활용하는 강사료 기준표상 20만 원 정도의 강사료를 지급할 수밖에 없습니다. 다만 5회기 정도 여러 회기를 진행할 수 있습니다"라고 의뢰가 들어왔을 때 강사비 총 지급액을 확인하고 이에 대해 양보하는 것도 필요합니다. 그렇지만 일반적으로는 강사비 기준표를 확인하여 기준 이하의 강사비를 받는 것은 지양해야 합니다. 또 하나 염두에 두어야 할 점은 최초 협의한 강사비는 시간이 지난다고 해서 자연적으로 인상되지 않습니다(예외적인 경우 제외). 따라서 처음 협의된 강사비 기준이 이후에도 계속 준용된다고 봐야 합니다. 그러므로 강사비 협의는 가급적 신중하게 해야 합니다.

또 하나, 기관의 사정으로 강사비를 줄여 교육을 진행했다 하더라도 그 기준은 해당 기관에만 적용해야 합니다. 교육 담당자들 사이에서도 네트워크와 입소문이 존재합니다. 교육 의뢰가 들어온 기관과 강사비를 협의하던 중, 제가 다른 기관에서 진행했던 금액을 이야기하며 교육 담당자가 항의한 적이 있었습니다. 불평등을 토로하면서 입장이 곤란해졌습니다. 그래서 강사비를 조율할 때는 신중하게, 해당 기관에 국한하여 조정해야 합니다.

그리고 일반적으로 강사비는 세금을 원천 징수하여 받게 된다는 점을 잊어서는 안 됩니다. 정기적, 고정적으로 강사 활동을 하는 경우에는 사업 소득 3.3%를 원천 징수하고, 비정기적으로 강사 활동을 하는 경우에는 기타 소득 8.8%를 원천 징수합니다. 예를 들면 한 시간 강사비가 23만 원일 경우 사업 소득 3.3%를 공제하면 실수령액은 222,410원이 됩니다. 반면 기타 소득일 경우 8.8%를 공제하면 실수령액은 209,760원이 됩니다. 이와 같은 원천 징수액은 5월 종합소득세 신고에 포함되며 때에 따라 환급을 받기도 합니다. 저는 전업 강사이자 사업자 등록이 되어 있기 때문에 사업 소득 3.3% 공제를 요청합니다. 그렇지 않으면 기타 소득 8.8%로 공제되는 경우가 있기 때문에 이에 대해 교육 담당자에게 미리 요청해야 합니다. 또 강사료 이외에 별도로 원고료가 책정되거나 이동 거리에 비례하여 교통비가 책정되기도 합니다. 강사비 조율 시 해당 사항에 대해 문의하는 것이 필요합니다. 강사비는 통상적으로 2주 이내, 혹은 매월 말일이나 매월 초에 입금이 됩니다. 그렇지만 교육을 마친 이후 일정 기간이 지나도 강사료를 지급하지 않는 기관이 종종 있습니다. 한 달이 지나도 강사료 지급이 되지 않을 때는 교육 담당자에게 확인을 요청해야 합니다. 행정상의 오류나 누락이 발생할 수도 있기 때문입니다.

누군가는 교육에 너무 돈 이야기를 하는 것 아니냐고 말합니다. 필요한 이들에게 웰다잉 교육을 전하는 일이므로 돈보다는 소명의식을 갖는 것이 중요하다고 말합니다. 강사비 조율이 되지 않으면 돈만 좇는 강사라고 욕을 먹기도 했습니다. 모두가 맞는 말입니다. 그러나 저는 강의에 대한 적절한 보상이 이루어져야 스스로 지치지 않고 오래 일을 할 수 있다고 생각합니다. 아무리 필요하고 좋은 교육이라 하더라도 강사 스스로의 삶을 희생하면서 진행하는 교육은 적합하지 않습니다. 또한 강사비는 강사에게 지급한 비용에 걸맞는 교육을 요구하는 대가이기도 합니다. 강사 역시 받은 만큼 좋은 교육을 진행하기 위해 노력합니다. 교육도 서비스의 일환입니다. 교육 담당자에게 "좋은 수업에 강사비를 적게 드릴 수밖에 없어서 죄송하다"는 피드백을 자주 받았습니다. 저는 기꺼이 돈을 지불해서라도 들을 만한 가치가 있는 교육을 하고 싶습니다. 웰다잉 교육이 돈을 주고도 들어볼 만한, 꼭 필요하고 좋은 내용의 교육이라는 것을 증명하고 싶었습니다.

마지막으로 웰다잉 교육 시장을 만들고 싶었습니다. 저뿐만 아니라 웰다잉 강사로 활동하시는 분들이 적절한 대가를 받는 시장을 만들고 싶습니다. 그러기 위해 저는 반드시 강사비를 이야기합니다. 좋은 콘텐츠는 돈이 모여야 만들어질 수 있습니다. 그 돈이 바로 강사비라고 생각합니다.

강의 의뢰가 들어왔을 때, 어렵고 불편하더라도 강사비를 먼저 물어보세요. 강사비 협의가 된다면 다른 부분은 오히려 원활하게 협의가 될 수 있습니다. 웰다잉 강의를 갈 때 기관 담당자 중에 저를 이렇게 소개한 분이 계셨습니다. "참 유명하고 바쁘신 분이라 모시기 어려웠습니다. 좋은 강의 부탁드립니다." 그런데 기관에서 저를 섭외하기 어려웠던 이유는 강사비 협의가 되지 않았기 때문입니다. 처음에는 지역 주민을 위해 재능 기부로 강의해 줄 수 없느냐 물어 거절의 뜻을 밝혔습니다. 다음에는 최소한의 교통비 지급을 제안하기에 그 역시도 어렵다고 말씀드렸습니다. 다음에는 강사료 기준의 절반 지급으로 제안이 와서 어렵다고 말씀드렸습니다. 결국에는 기관이 속해 있는 지자체 강사료 기준에 조금 미달한 금액으로 협의가 되어 교육을 진행하게 되었습니다. 강사비를 협의하는 과정만 한 달이 걸렸습니다.

저는 웰다잉 강사 중에 TV에 나오는 유명 강사처럼 스타 강사가 나왔으면 좋겠습니다. 그래서 그만큼 높은 강사비를 받았으면 좋겠습니다. 그래야 웰다잉에 대한 사회적 인식이 확산될 수 있습니다. 넓어질 수 있습니다. 웰다잉 교육은 꼭 필요하고, 참 좋은 교육입니다. 충분한 비용을 지불할 만한 가치가 있는 교육입니다.

강의 자료, 어떻게 만들어야 하나요?

강의 자료를 만드는 노하우를 알려달라는 부탁을 받는 경우가 있습니다. 특히 연세가 높거나 컴퓨터 활용 능력이 미숙한 분들은 강의 자료 제작을 더 어려워합니다. 예전에는 주로 단상에서 강연하고, 칠판에 필요한 내용을 적으며 수업을 진행했지만, 이제는 시청각 자료가 중요한 시대에 살고 있습니다. 교육생들도 단순히 듣기보다 보는 수업에 익숙합니다. 그렇지 않으면 집중력과 흥미 모두 떨어집니다. 전달하고자 하는 바를 시청각 자료로 만드는 것은 강사의 중요한 역량 중 하나입니다.

저는 이야기 형태의 강의 자료 제작을 선호합니다. 사람들은 이야기를 오래 기억합니다. 학창시절을 떠올려 보면 수업 시간 선생님의 말씀은 잘 기억하지 못하지만, 친구들과 떠들었던 이야기는 기억합니다. 이처럼 웰다잉 교육은 이론과 학술, 정보 전달도 필요하지만, 이야기의 형태를 갖고 있을 때 오래 기억할 수 있습니다. 이야기는 기승전결의 구조로 구성됩니다. 이야기 속 주인공은 어려움과 난관을 겪게 되지만, 갈등을 이겨내고 한층 성장합니다. 이야기를 듣는 청자는 이런 과정을 통해 카타르시스를 느끼고 교훈을 얻습니다. 죽음은 주제 자체가 무거우므로 이야기의 형태로 풀어낼 때 효과적입니다.

수업 자료를 제작할 때도 마찬가지입니다. 웰다잉 교육 도중 이야기 형태의 사례를 배치하여 교육생이 몰입할 수 있도록 합니다. 저는 주제에 대한 문제 제기 - 갈등 상황 - 공감대 형성 - 이론적 배경 - 관련 사례 - 해결책 모색 - 문제 해결의 형식으로 교육 내용을 구성합니다. 예를 들어 무의미한 연명의료 중단에 관해 교육할 때는 우리나라 병원에서의 임종 과정을 설명하고 교육생들에게 의견을 물어봄으로써 공감대를 형성합니다. 다음으로 우리나라의 현황과 관련 지식을 알아보며, 해결한 사례들을 살펴봅니다. 마지막으로 관련 내용을 해결하기 위해 무엇을 준비해야 하는지를 전달합니다. 이처럼 이야기 구조의 수업 형태를 구성합니다.

물론 제가 진행하는 웰다잉 교육의 주 대상이 노인이기에 가능한 일일 수 있습니다. 학문을 연구하는 학교에서는 적용하기 어렵습니다. 다만 이야기 구조가 딱딱하고 지루한 전달식 교육보다 교육생의 관심도와 참여도를 높이는 데 효과적인 것은 분명합니다. 또 교육생으로 하여금 스스로 생각하고 답을 찾을 수 있도록 질문을 던집니다. 이야기 포맷을 구성하여 각각의 이야기를 뒷받침할 수 있는 이론적 배경과 사례를 수집합니다.

저는 웰다잉 전공 서적을 통해 이론을 정리해 놓습니다. 그리고 정리된 이론을 풀어 설명할 사례를 에세이와 기사를 통해 찾습니다. 혹은 수업을 통해 만난 교육생과의 인터뷰를 통해 정리해 놓기도 합니다. 또 관련된 다큐멘터리나 영화, 유튜브 영상 등을 찾아보기도 합니다. 이런 사례를 정리하여 교육 자료를 구성합니다. 강의 자료는 이론과 사례가 적절히 어우러져야 합니다. 이론이 중심이 되면 지루하고 딱딱합니다. 사례가 중심이 되면 산만해지고 어지럽습니다. 이론과 사례는 서로를 뒷받침하며 상호 보완이 돼야합니다.

사례를 친근하게 설명할 수 있는 자료 중 하나는 동영상입니다. 저는 웰다잉 교육에 동영상 자료를 자주 활용합니다. 이를 위해 평소 웰다잉과 관련된 영화와 다큐멘터리 등 다양한 동영상을 시청하고 수집합니다. 이를 적절히 활용하면 당사자의 목소리를 직접 들을 수 있으며 생동감 있는 교육을 진행할 수 있습니다. 하지만 동영상 자료를 활용할 때 주의할 점이 있습니다. 너무 많은 동영상을 사용하면 오히려 수업 진행에 방해가 될 수 있습니다. 한 수업에서 최대 다섯 개 이내의 영상을 사용하는 것을 추천합니다.

그리고 각 영상의 길이는 5분 내외가 적당합니다. 영상을 함께 시청할 때는 전후 내용 설명이 이루어져야 하며, 영상을 보고 난 다음 교육생들에게 소감을 물어보는 것이 좋습니다. 동영상 자료를 적절히 활용하면 교육의 생동감과 효과성이 높아집니다. 그런데 파워포인트 내에 동영상 자료를 첨부할 경우 적절히 재생되지 않을 때가 많습니다. 동영상이 원활히 재생되는 공간인지 인터넷 환경을 미리 파악해야 합니다. 동영상이 재생되지 않는 탓에 강의가 중단돼 당황하는 강사를 자주 목격합니다. 공백이 길어지면 교육생의 집중도도 떨어집니다.

강의 PPT는 주어진 시간 안에 교육생을 설득하기 위한 도구입니다. 스스로 하고 싶은 말을 정리하여 보여주는 자료입니다. 즉 강사의 생각과 철학이 담겨 있어야 합니다. 하지만 일부는 강사 자격 과정에서 받은 교육 자료를 그대로 사용하기도 합니다. 강사 양성 단체 중에는 자격 과정을 신청하면 자격증 발급과 더불어 강의에 필요한 교안을 제공하겠다는 곳도 있습니다. 물론 해당 기관에서 제공하는 교안이 좋으면 다행이지만, 근본적으로 강사의 생각이 아닌 다른 사람의 생각을 전달하는 것과 다를 바 없습니다. 교육은 표준화된 매뉴얼로 진행하기 어렵습니다. 매뉴얼 대로 진행되지도 않습니다. 교육을 진행하기 위한 최소한의 가이드라인이 있어야 하지만 모두가 똑같이 진행할 수 없습니다.

때론 연세 높으신 강사 중에 제가 제작한 교육 PPT와 자료를 요청하는 경우도 있었습니다. 하지만 강의 자료는 강사 개인의 노력이 담긴 저작물이기에 이와 같은 요청은 예의에 어긋나는 일입니다. 교안을 구했다 하더라도 당사자의 동의 없이 그대로 사용하는 것 역시 잘못된 일입니다. 참고하되 자신만의 교육 내용으로 재구성해야 합니다. 자료를 똑같이 활용하는 것은 표절입니다. 내가 식당을 차려야 하니 네 식당의 레시피를 그대로 알려달라는 것과 다를 바가 없습니다.

생각보다 많은 분들이 PPT 제작에 어려움을 호소합니다. 효과적인 교육을 위한 PPT 제작 팁을 드리고자 합니다.

첫 번째, 강의 PPT를 만들기 전 원고를 작성하세요

강의 PPT를 만들기 전 자신이 하고 싶은 이야기는 무엇인지 글로 적어보세요. PPT는 원고를 정리해서 만들어야 합니다. 무작정 텍스트를 붙여 놓아서는 안 됩니다. 원고 없이 책에 있는 내용을 그대로 옮겨 적는 것은 효과적이지 않습니다. 짧게라도 수업 시간에 내가 전하고 싶은 내용을 정리해 보세요. 내용의 기승전결이 정리되면 이를 요약하여 PPT를 만드는 것이 효과적입니다. 원고를 작성하고 정리하여 핵심적인 내용을 도식화하여 PPT로 제작해야 합니다.

두 번째, 강의 PPT는 예쁘지 않아도 됩니다

강의 PPT를 만들 때 느끼는 압박감 중 하나는 예쁘고 화려하게 제작해야 한다는 생각입니다. 그래서 알록달록한 디자인에 예쁜 이미지를 넣고 애니메이션 효과를 넣어 화려하게 치장합니다. 그마저도 부족할 때는 유료 템플릿을 구매하여 사용합니다. 저도 처음에는 그랬습니다. PPT를 예쁘고 화려하게 꾸미는 데 오랜 시간을 투자했습니다. 그러나 교육을 하면서 효과적인 PPT는 단순하고 가독성이 좋은 깔끔한 PPT입니다. 화려하고 예쁜 화면은 일시적으로 교육생의 흥미를 높일 수 있지만 계속되면 오히려 집중을 깨뜨리고 피로를 높입니다. 오랜 경험 끝에 저는 하얀 배경에 전달하려는 내용과 이해를 도울 수 있는 그림 한 장을 넣은 PPT를 선호하게 되었습니다. 프레젠테이션의 대가였던 스티브 잡스의 발표를 떠올려 보세요. 그리고 우리가 매일 보는 뉴스의 그래픽을 주의 깊게 보세요. 단순하고 선명해야 메시지도 명확합니다.

세 번째, 가장 중요한 건 가독성입니다

PPT는 첫째도, 둘째도 가독성입니다. 화려함보다 단순해야 하는 이유는 짧은 시간에 글자 및 내용을 인식하기 쉽기 때문입니다.

PPT를 만들 때는 화려한 배경보다 하얀 배경에 큰 글씨로 중요한 내용을 적는 게 효과적입니다. 또 가독성을 높이기 위해서는 예쁘고 화려한 글씨체를 사용하기보다 정갈한 글씨체를 사용하는 것이 좋습니다. 제목은 굵은 글씨체로, 본문은 가독성 높은 깔끔한 글씨체로 최대 세 개 정도의 글씨체만 사용하세요. 많은 글씨체를 사용하는 것은 가독성을 낮춥니다. 또 여러 글씨체를 사용하다 보면 교육 기관의 컴퓨터를 사용할 때 PPT의 글씨체가 깨지는 경우가 발생합니다. 그러므로 세 개 정도의 가독성 높은 글씨체를 사용하여 PPT를 제작하세요. 어르신들께 가독성은 무엇보다 중요합니다.

네 번째, 텍스트를 많이 넣지 마세요

교육 내용을 자세히 설명하는 것도 중요하지만 가급적 내용을 요약하고 단순하게 전달하는 것이 필요합니다. 교재에 있는 내용이 좋다고 해서 이를 텍스트로 모두 옮길 필요는 없습니다. 오히려 그런 경우 줄글이 많아 글씨가 작아져 화면을 보는 이들이 어려움을 겪습니다. 또한 글을 읽기 위해 발표자가 화면만 보며 말을 하게 됩니다(가장 피해야 하는 강의입니다).

텍스트를 많이 넣는 것보다 꼭 전달해야 할 내용만 잘 정리하여 발표하는 것이 중요합니다. PPT는 Power Point의 줄임말입니다. 프로그램 이름에 요점이 정확하게 들어가 있습니다. 'Power + Point' 중요한 것을 강조하여 만들면 됩니다.

다섯 번째, PPT를 너무 많이 만들지 마세요

PPT를 만들다 보면 100장, 200장씩 분량이 많아지는 경우가 있습니다. 또 수업 시간이 남을까 싶어 중요하지 않은 내용을 추가로 담을 때도 있습니다. 하지만 분량이 많아지면 수업 시간에 모든 내용을 다루지 못합니다. 분량을 적절히 조절하는 것이 중요합니다. 예를 들어 교육을 진행할 때 PPT 한 장당 1분 정도를 말한다고 가정해 보세요. 1분에 한 장도 아주 긴 시간입니다. 한 시간 교육이라고 가정했을 때 최대 60분으로 예상할 수 있습니다. 그렇다면 최대 60장 미만으로 PPT를 만드는 것이 좋습니다.

여섯 번째, 저작권에 유의하세요

좋은 내용이라 하더라도 다른 강사의 PPT를 동의 없이 임의대로 사용하는 것은 문제가 됩니다. 온라인에 있는 예쁜 글씨체와 이미지 역시 개인적 용도로는 사용이 가능하지만, 이를 온라인에 업로드할 경우 저작권 침해의 소지가 있습니다. 온라인 저작권에 대한 개념이 점차 강화되고 있습니다. 비영리기관을 대상으로 이미지 및 글씨체 저작권자들이 법적인 소송을 진행하는 경우도 있습니다. 그러므로 타인의 교육 자료나 이미지, 글씨체를 활용할 때는 유의해야 합니다.

이처럼 PPT를 만들 때 유념할 내용을 정리해 보았습니다. PPT를 만드는 것은 생각보다 쉽지 않은 과정입니다. 그러나 반복하여 연습하면 조금씩 익숙해집니다. 강의 경력이 쌓이면 교육 자료에 도움이 되는 자료, 글, 이미지 등을 평소 PPT로 정리해 놓습니다. 따로 시간을 내어 PPT를 제작하지 않아도 됩니다. 그러므로 어렵게 생각하지 말고 평소 꾸준히 정리해 놓는 습관이 필요합니다.

첫 만남, 교육생을 파악해야 합니다

교육 의뢰 단계에서도 확인했지만, 교육생과의 첫 만남은 예상과 다를 수 있습니다. 효과적인 강의를 위해서는 교육생의 성향을 파악해야 합니다. 특히 최근 노인복지관을 이용하는 어르신들의 연령 범위가 꽤 넓습니다. 소위 베이비붐 세대로 지칭하는 젊은 60대부터 90대까지 함께 복지관을 이용합니다. 나이 차이가 30년이니 복지관 안에서도 세대 차이가 존재합니다. 따라서 연령에 따른 노인의 정서가 다릅니다. 60대 노인들은 얼핏 보면 중년과 크게 차이 나지 않습니다. 자기표현과 주장도 잘하고, 욕구도 명확합니다. 스마트폰과 태블릿 PC의 활용도 능수능란하고 패션도 진취적입니다. 교육 참여에도 적극적입니다. 80대, 90대가 되어야 흔히 생각하는 노인으로 보입니다. 그렇지만 80대, 90대의 노인들도 오래전 미디어에서 그리던 꼬부랑 노인과는 다릅니다. 예전보다 건강하고 활력이 있습니다.

두 번째는 성별입니다. 대체로 노인복지관 수업에는 여성이 많은 편입니다. 여성은 남성보다 수업에 참여하는 태도가 호의적이고 적극적인 반면, 남성은 말수가 적고 무뚝뚝한 편입니다. 강사의 입장으로는 여성보다 남성의 수업 난이도가 높은 편입니다. 그렇지만 남성은 마음을 열면 자신만의 생각과 철학을 이야기할 만큼 진지하고 깊습니다.

세 번째는 지역입니다. 지역에 따라 노인들의 성향이 다릅니다. 강남, 송파, 분당, 일산, 판교 등은 경제력도 있고 학력도 높은 편입니다. 실제로 교육에 참여하는 노인 중에는 전직 공무원, 대학교수, 교장, 법조인, 기업 대표 등이 있었습니다. 반면 반대인 지역도 있습니다. 소득 수준이 낮거나 학력이 낮은 분이 다수인 지역도 있습니다. 수업에 참여하는 노인들의 학력 및 문해 능력에 따라 교육의 접근 방식이 달라집니다.

네 번째는 수업 참여 계기입니다. 노인복지관에서 프로그램 참여자 모집 공고를 통해 자발적으로 수업에 참여하는 노인들은 수업에 대한 이해와 참여도가 높습니다. 반면 사회복지사의 권유로 비자발적으로 참여하거나, 특정 그룹을 대상으로 할 경우 이해도와 참여도가 낮은 편입니다. 따라서 교육생들이 어떤 동기로 교육에 참여했는지를 파악하는 것은 중요합니다. 기관 및 장소에 따라 성향도 다릅니다. 노인복지관을 이용하는 노인과 경로당을 이용하는 노인의 참여도는 다릅니다. 노인복지관 이용 노인은 대체로 노인복지관을 방문할 수 있는 만큼 건강하고, 자발적이고, 적극적인 반면, 경로당 이용 노인은 노인복지관 이용 노인보다 연령대가 높고, 건강 수준이 좋지 않거나, 문해 능력이 떨어지는 경우도 있습니다. 기관 및 장소에 맞게끔 교육을 준비해야 합니다.

교육생 개인의 특성도 고려해야 합니다. 저는 교육 담당자와 교육에 참여하는 어르신들에게 다음과 같이 안내합니다. '최근 다음과 같은 일을 겪으셨거나 질환이 있으면 무리하게 교육에 참여하지 않아도 된다. 세 달 이내 가까운 이와 사별했거나, 우울증으로 약을 복용하거나 심리치료를 받고 있는 경우, 혹은 자살을 시도했거나 자살 충동이 높은 분들은 가급적 교육에 참여하지 않으셔도 된다.' 물론 웰다잉 수업이 죽음을 통해 남은 삶을 잘 살도록 돕는 좋은 수업이지만, 최근에 죽음을 생각하거나 죽음으로 심리적 어려움을 겪었다면 부담스러운 주제일 수 있습니다. 실제로 몇몇 기관에서 우울증 자조 모임 그룹을 대상으로 다회기 웰다잉 프로그램을 요청한 적이 있습니다. 그런 그룹에는 웰다잉 수업 이전에 오히려 마음을 안정시킬 수 있는 상담, 혹은 심리치료 프로그램, 글쓰기를 통한 인생 회고, 미술 활동, 자서전 쓰기 프로그램을 추천합니다.

교육 담당자와 조율을 통해 수업을 준비했다 하더라도 당일 교육 장소를 방문하기 전까지는 어떤 분들이 교육에 참여할지 알 수 없습니다. 대략적인 사전 정보를 접수했다 하더라도 예상과 다를 수 있습니다. 첫 만남에 반응이 없고 경직된 분위기의 그룹이 있으며, 말끔하고 세련된 복장으로 차분히 앉아 수업을 기다리는 그룹도 있습니다. 또 삼삼오오 서로 친분이 형성되어 있는 그룹이 있지만, 체력과 집중력이 낮아 교육 시간 동안 수업 참여가 어려운 그룹도 있습니다. 어떤 곳에서는 소위 반장 역할과 같이 목소리가 크고 발언권이 높은 분이 있어 수업 분위기를 몰아가거나 좌지우지하는 경우도 있습니다. 한글을 모르거나 쓰기가 어려우나, 부끄러움에 말하지 않거나 손이 떨려 글씨를 쓸 수 없다며 쓰기 수업 참여를 거부하기도 합니다. 그럴 경우에는 자연스럽게 강사나 교육 담당자가 이를 파악하여 보조하는 것이 필요합니다.

다수를 대상으로 한 대규모 강연 분위기는 또 다릅니다. 일반 시민들을 대상으로 하는 교양강좌는 100명 이상이 참여하기 때문에 보편적이고 공감대 있는 내용과 톤으로 수업을 진행해야 합니다. 한번은 교장, 교감 연수에 초대되어 웰다잉 교육을 진행한 적이 있습니다. 교장, 교감 선생님들에 대한 교육은 강사들 사이에서도 난이도가 높은 수업입니다. 연수의 일환으로 참여했기 때문에 비자발적이고, 학력 수준이 높고 경험이 많기에 보다 차분한 톤과 메시지가 있어야 합니다. 정보 전달도 중요하지만, 의미와 감동을 전해주는 데 방점을 두었습니다.

이처럼 대상에 따라 수업 내용과 분위기, 속도, 톤을 조정하는 것도 필요합니다. 수업 첫 시간에 교육생의 참여도와 성향, 분위기를 파악하는 것도 강사의 능력입니다. 오랜 경험을 통해 이와 같은 분위기를 파악하게 될 수 있습니다. 웰다잉 강의를 처음 시작한 분은 다소 어려울 수 있습니다. 수업 시작 30분 전에 미리 도착하여 교육생들과 대화를 통해 친밀도를 형성하거나 분위기를 파악하는 것도 도움이 됩니다. 오늘 날씨, 혹은 복지관에 대한 이야기, 이 수업을 왜 신청했는지, 궁금한 점은 무엇인지 미리 물어보고 파악한다면 서로 어색함을 줄이고 친근감 있는 수업을 진행하는 데 도움이 될 수 있습니다.

효과적인 교육 성과를 위해서는 교육생들의 성향을 파악하는 것이 중요합니다. 기본적인 교육 커리큘럼은 가지고 있되, 이를 토대로 대상, 상황 장소에 따라 내용을 순발력 있게 조정하는 것이 필요합니다. 모든 교육이 같을 수는 없습니다.

강의, 한 편의 연극과 같습니다

모임을 통해 사회복지 영역의 다른 강사들과 만나 이야기를 나눌 때가 있습니다. 대화를 나누던 도중 강의는 한 편의 연극 같다는 이야기에 모두 공감했습니다. 배우, 희곡, 관객, 무대가 연극의 4요소입니다. 강의의 4요소를 따져보면 강사, 강의 자료, 교육생, 강단이라고 할 수 있습니다. 교육의 시작부터 마무리까지 완벽한 기승전결을 가진 한 편의 이야기 구조로 볼 수 있습니다.

그래서 한 편의 강의가 끝나면 강사는 보람을 느끼고 교육생은 감동을 받습니다. 이처럼 강의는 강사와 교육생이 교감하는 한 편의 무대와 같습니다.

강의를 연극이라고 가정한다면 준비해야 할 것들 자연스럽게 떠오릅니다. 본인이 연극 무대 위에 오르는 배우라고 생각해 보세요. 공연 준비에서 마무리까지 과정이 그려집니다. 우선 교육 장소에 가기 전 좋은 컨디션을 유지해야 합니다. 건강 관리는 필수입니다. 코로나가 한참 확산되던 시절 제가 아는 한 유명 강사는 매일 아침마다 스스로 코로나 검사를 했다고 합니다. 검사 결과 이상이 없는지를 확인하고 교육 기관 담당자에게 전달하여 안심을 시켰습니다. 그리고 코로나 예방을 위해 교육 이외 개인 일정은 잡지 않았습니다. 전국을 다니는 만큼 본인이 코로나 감염의 매개체가 되지 않도록 항상 마스크를 쓰고 다니며 위생을 철저히 했습니다. 그 강사는 코로나가 유행할 때도 많은 기관의 교육 요청을 받았습니다. 이와 같은 자기 관리는 강사라면 본받아야 할 부분입니다.

다음으로는 교육 자료를 숙지해야 합니다. 대본을 외우지 못하는 배우가 좋은 공연을 할 수 없습니다. 교육 자료의 숙지는 자료 제작 단계부터 출발합니다. 좋은 고민은 좋은 자료로 이어집니다. 교육 자료를 찾기 위해서는 교육을 통해 어떤 메시지를 줄 것인가 하는 일관적인 흐름이 있어야 합니다. 자료가 모여 주제가 되고 다시 주제를 뒷받침하기 위해 자료를 찾는 순환 구조가 되어야 합니다. 교육 자료를 많이 모으는 것보다 주제를 꿰뚫는 일관성이 있어야 합니다. 자료를 수집, 정리, 가공하다 보면 자연스럽게 교육 자료가 숙지됩니다. 이를 잘 전달할 수 있는 화법이나 교수법 역시 중요합니다. 그러기 위해서는 강의 기법에 대한 학습도 필요합니다.

교육 자료에 대한 완벽한 이해도 필요합니다. 처음 활동을 시작한 강사들은 강의를 설레고 보람 있어 합니다. 본인이 관심 있는 주제로 사람들 앞에서 강의한다는 것을 기뻐합니다. 또 교육생들의 소감과 변화를 통해 강사로서 보람을 느낍니다. 그러나 경험이 쌓이고 익숙해지면서 2~3년의 세월이 지나면 매너리즘에 빠지거나 지루해합니다. 어떤 강사는 강의하는 기계가 된 것 같다, 매번 똑같은 노래를 부르는 가수가 된 것 같다, 더 이상의 강사 활동은 지루하다고 말합니다. 반복해서 같은 내용을 수업하다 보니 소진되기도 합니다. 좋았던 것들이 괴로움으로 바뀝니다.

저도 마찬가지였습니다. 나중에는 화면을 보지 않고도 수업을 진행할 수 있는 수준이 되었습니다. 강의하는 입장에서 지루할 수 있었지만, 오히려 어떤 상황과 장소에서도 평정심을 잃지 않고 의연하게 교육을 할 수 있게 되었습니다. 또 내용이 완벽하게 숙지가 되니 수업 중에도 교육생들과 여유롭게 의견을 주고받으며 교육을 진행할 수 있었습니다. 강사는 자주 반복하기 때문에 내용을 잘 알지만, 교육생은 대부분 웰다잉에 대해 처음 듣습니다. 그러므로 말하는 사람이 아니라 듣는 사람이 중요합니다. 소위 말하는 '지식의 저주'에 빠지는 것을 경계해야 합니다. '지식의 저주'는 다른 사람들과 의사소통할 때 상대도 이해할 수 있는 배경을 갖고 있다고 스스로 추측하여 발생하는 편견을 의미합니다. '당연히 이 정도는 알고 있겠지'라는 생각을 갖게 됩니다. 그러나 교육을 듣는 사람 중에는 웰다잉을 모르거나 처음 듣는 사람이 많습니다. 숙련됨과 익숙함을 구분해야 합니다. 교육 내용에 대한 충분한 숙지가 이루어져야 변형도 가능합니다.

교육 장소를 미리 파악하는 것도 필요합니다. 강단의 구조, 기자재 배치, 좌석 배치, 동선과 시선을 파악해야 합니다. 화면과 음향, 교육장 조명도 확인해야 합니다. 이는 연극 공연도 마찬가지입니다. 공연 도중 기자재가 제대로 작동하지 않으면 공연은 중단되고 고조되었던 감동이 물거품이 됩니다. 교육도 마찬가지입니다. 이를 방지하기 위해 사전에 교육 장소에 대해 충분히 알아둬야 합니다.

교육생이 입장하면 밝은 표정으로 응대합니다. 교육 시작 전 교육생들의 분위기를 파악하고, 가능하다면 교육에 참여한 이유와 기대를 물어보는 것도 좋습니다. 맨 앞자리에 앉는 분들은 대부분 적극적으로 교육에 참여하고자 하는 의지를 갖고 있다고 보아도 좋습니다. 그분들과 스몰토크를 통하여 친밀감을 표시하는 것도 좋습니다. 교육을 진행하는 동안 가장 큰 지지자가 됩니다. 뒷자리에 앉은 교육생과 눈빛을 마주치거나 교감을 하기에 어려우니, 가까이에 앉은 분들을 바라보며 눈을 마주치거나 질문하며 소통하는 것이 도움이 됩니다. 교육생의 이해를 돕기 위한 인쇄물을 미리 교육 담당자에게 부탁하여 흥미와 기대를 높일 수 있도록 유도하는 것도 좋습니다. 어르신을 대상으로 한 교육 유인물은 글씨가 크고 여백이 있어야 피로하지 않습니다. 유인물은 최소 13포인트 이상의 글자 크기로 작성하는 것을 추천합니다.

교육은 기승전결의 구조로 진행합니다. 교육 시작 전 교육생들에게 자기소개를 합니다. 강사의 소속과 이력을 간략하게 소개합니다. 저는 상여의 꼭두 사진을 보여드리며 자기소개를 합니다. 꼭두는 상여에 붙어 있는 인형이며, 저승길을 같이 가는 동행자의 역할을 합니다. 꼭두 같은 일을 하는 웰다잉 플래너이자, 행복한 삶과 죽음을 돕는 웰다잉 강사라고 소개합니다.

각자가 생각하는 죽음이란 무엇인지, 좋은 죽음이란 무엇인지에 대해 질문을 던지고 참여자들의 관심을 유도합니다. 자연스럽게 본인이 생각하는 좋은 죽음이란 무엇인지, 그리고 죽음이란 무엇인지에 대해 이야기 나눕니다. 나아가 한국 사람들이 생각하는 좋은 죽음에 대한 통계 자료와 병원에서 맞이하는 죽음에 대해 현황을 말해줍니다. 웰다잉이란 무엇이며 어떻게 하면 가능할지, 왜 공부해야 하는지 필요성에 대해 공감합니다.

제가 진행하는 웰다잉 교육의 핵심 메시지는 '사람은 살아온 모습 그대로 죽음을 맞이한다'입니다. 삶의 모습이 죽음의 모습으로 이어지는 사례들을 보며 죽음을 통해 앞으로의 삶을 어떻게 살아야 할지를 생각해 보는 시간을 가집니다. 참여자의 감정이 고조되고 생각에 잠깁니다. 스스로 질문하게 됩니다. 정보의 전달도 중요하지만, 마음의 감동을 남겨야 합니다. 지식은 잊어버릴 수 있지만 감동은 쉽게 잊히지 않습니다.

마지막 결론에서는 배운 내용들을 정리하며 자신의 삶을 돌아봅니다. 그리고 앞으로의 삶을 어떻게 살아야 할지 고민해 봅니다. 소감문을 직접 적어봄으로써 교육 내용을 정리해 보고 자기 삶에 어떻게 적용할지를 생각해 봅니다. 질의응답을 통해 소감을 함께 공유합니다.

이와 같은 기승전결의 구조는 자연스럽게 이야기의 형태를 갖게 됩니다. 저는 웰다잉 강사, 웰다잉 플래너라는 호칭도 좋아하지만, 죽음 이야기꾼, 혹은 웰다잉 스토리텔러라는 호칭도 좋아합니다. 저의 교육은 대부분 이야기의 형태로 되어 있습니다. 제가 죽음을 공부하게 된 계기에서부터, 사람들이 죽음을 맞이하는 모습들, 그리고 죽음을 앞두고 남긴 이야기들을 전달합니다.

저는 수업 시간에 미국의 죽음학자 엘리자베스 퀴블러로스의 말을 자주 인용합니다. '죽어가는 사람들의 이야기에 귀를 기울여라. 그러면 그들은 당신이 어떻게 살아가야 할지를 말해줄 것이다.' 저는 죽어가는 사람들의 이야기에 귀를 기울입니다. 죽음에 관한 이야기를 수집하고 자주 인용합니다.

웰다잉 교육은 '좋은 죽음, 준비된 죽음을 맞이하신 분'들의 사례를 수집하여 사람들에게 알려주는 것이 중요합니다. 좋은 죽음의 사례를 말씀드리면 수업에 참여한 교육생들도 가족이나 친지, 지인들이 맞이한 좋은 죽음의 사례를 자연스럽게 꺼냅니다. 집안 살림을 다 챙겨놓고 한 달여간 곡기를 끊고 스스로 염을 하고 돌아가신 아버지의 사례, 마지막 순간까지 신앙 안에서 편안한 표정으로 돌아가신 어머님의 사례, 임종의 순간 가족에게 둘러싸여 작별 인사를 나누고 평안하게 돌아가신 할아버지의 사례처럼 맞이하고 싶은 좋은 죽음의 사례를 서로 이야기 나눕니다.

이처럼 이야기는 웰다잉 교육의 좋은 소재가 됩니다. 그래서 웰다잉, 생사학을 공부하는 분 중에는 문학, 이야기, 그림책 등 등 다양한 분야를 전공한 분들도 있습니다.

웰다잉 강의를 하려는 분들께 무엇보다 자기 이야기를 하는 것을 권유합니다. 남들의 이야기도 중요하지만, 내가 왜 죽음을 공부하게 됐는지, 내가 생각하는 죽음이란 무엇인지, 자신이 경험한 것들을 말하다 보면 조금 더 편안하고 진솔하게 교육을 진행할 수 있습니다. 타인의 경험, 타인의 이야기도 중요하지만, 무엇보다 교육의 주인공은 본인이 되어야 합니다.

내가 생각하는 죽음과 죽음에 대한 고민, 바라보았던 죽음의 모습을 꺼내놓고 탐구하는 과정에 대해 이야기하면 교육생들도 자연스럽게 자신이 생각하는 웰다잉에 대해 고민해 볼 수 있게 됩니다. 강사는 자기 이야기를 할 줄 아는 사람이어야 합니다. 그 이야기는 내가 마주한 죽음을 이야기하는 데서 출발합니다. 그러므로 마음을 열고 이야기를 나누고자 하는 것이 강의에 도움이 될 것입니다.

강의, 어떻게 해야 하나요?

강의실 점검하기

수업을 진행할 교육장에 도착해서 처음 해야 할 일은 강의실 환경을 파악하는 것입니다. 그러기 위해서는 최소한 교육 시작 30분 전에는 도착해야 합니다. 때론 교육 담당자가 기관의 대표와 인사를 나누자거나, 차담을 권유할 때도 있습니다. 필요하고 감사한 일입니다. 그러나 강의장 환경을 파악하고 난 다음 이루어져야 합니다. 교육의 완성도를 높이는 것은 강사의 실력과 참여자의 태도, 교육 담당자, 그리고 교육장 환경도 간과할 수 없습니다. 특히 요즘처럼 시청각 교재가 중요한 시대에는 더욱 그렇습니다.

첫 번째 점검해야 할 부분은 시청각 교재를 연결할 컴퓨터입니다. 보통 교육 기관에서 미리 준비해 둔 노트북을 사용합니다. 강의 자료를 사전에 메일로 미리 보내거나, 혹은 USB 이동식 디스크에 담아 옮기기도 합니다. 교육 기관에서 제공하는 컴퓨터는 자신의 손에 익지 않은 것입니다. 컴퓨터의 기종도 오래된 구형 기종부터 최신의 기종까지 모두 다릅니다. 운영체제가 다르거나 혹은 파워포인트 버전이 다를 수 있습니다. 프로그램 버전이 다를 경우에 준비해 온 파일이 열리지 않거나, 글씨체가 깨지기도 하며, 준비한 동영상이 재생되지 않기도 합니다. 그래서 저는 평소 사용하는 노트북을 휴대하고 다닙니다. 교육 기관에도 가능하면 저의 노트북을 사용하겠다고 요청합니다. 자신이 쓰던 노트북이 손에 익숙해서 조작이 원활합니다. 돌발상황에 신속하게 대처할 수 있습니다. 물론 노트북을 휴대하고 다녀야 한다는 부담이 있지만, 최근에는 가볍고 좋은 성능의 노트북도 판매되고 있습니다. 그러므로 비용을 들여서라도 최신 노트북 구매를 권유합니다. 비용을 투자한 만큼 3년에서 5년 정도 충분히 사용할 수 있습니다. 이는 강의의 품질을 유지하기 위한 최소한의 투자라고 생각하면 좋습니다.

두 번째, 교육 자료는 늘 이중으로 준비합니다. PPT를 제작한 자신의 컴퓨터에서는 분명 문제없이 잘 작동했는데, 강의장 컴퓨터로 열리지 않는다거나, 혹은 USB에 담겨 있지 않은 경우도 있습니다. 또 제작한 것과는 다른 화면으로 보이거나 동영상이 재생되지 않는 경우도 있습니다. USB에 옮기는 과정에서 바이러스가 발견되거나 시스템 에러가 발생하여, 교육 담당자에게 미리 파일을 보냈어도 오류가 생깁니다. 그래서 강의 자료는 늘 백업이 필요합니다.
저는 교육 자료를 세 곳에 분산시켜 놓습니다. 교육 시 사용할 노트북에 설치해 놓고, 또 하나는 USB에 사본을 복사해 둡니다. 그리고 마지막으로 이메일이나 혹은 파일을 업로드하는 구글 드라이브와 같은 클라우드에 보관합니다. 최근에 저는 스마트폰으로 집에 있는 컴퓨터를 원격 부팅하여 조정할 수 있는 시스템을 구축했습니다. 갑작스럽게 추가로 더 필요한 자료가 있거나, 외부에서 행정 서류를 발송해야 할 일이 종종 생기기도 합니다. 이와 같은 시스템을 구축해 놓으면서, 외부에서도 교육과 업무를 더욱 원활하게 진행할 수 있게 되었습니다. 이렇게 하면 돌발상황이 발생하더라도 당황하지 않고 잘 대처할 수 있습니다. 물론 늘 이렇게 준비할 수는 없지만 중요한 수업이라면 2중, 3중 백업은 반드시 필요합니다.

세 번째, 빔프로젝터, 시청각 기자재를 확인해야 합니다. 교육 자료를 보여주는 화면은 수업 진행에 있어서 많은 부분을 차지합니다. 그러나 강의실의 시청각 기자재는 천차만별입니다. 극장과 같은 크고 화려한 화면을 사용하는 곳이 있는 반면, 집보다 작은 모니터를 수십 명이 봐야 하는 곳도 있습니다. 최근에는 스마트 TV, 스마트 칠판을 사용하는 곳도 있는 반면, 오래된 빔프로젝트의 램프를 교체하지 않아 흐릿하거나 거의 보이지 않는 곳도 있습니다. 모델에 따라서 노트북과 연결하는 케이블이 호환되지 않을 때도 있습니다. 지금은 잘 사용하지 않는 RGB 케이블부터 HDMI 케이블, 혹은 C타입 케이블까지 다양한 종류의 케이블이 있습니다. 최근에는 일반적으로 HDMI 케이블을 많이 사용합니다. 그러나 가끔 구형 RGB 케이블을 사용하는 곳이 있어 RGB를 HDMI로 변환하는 젠더를 휴대하고 다닙니다. 변환 젠더는 인터넷 쇼핑몰에서 저렴하게 구입이 가능합니다. 또 교육 장소의 빔프로젝터가 너무 오래되어 화면이 보이지 않는 경우를 대비해 차량에 빔프로젝터를 휴대하고 다닙니다. 교육 자료 화면이 잘 보이지 않으면 교육생의 집중도와 만족도가 떨어지고, 강사 역시 불편합니다. 의도한 메시지가 명확하게 전달되지 않습니다. 따라서 시청각 기자재 확인은 반드시 필요합니다.

네 번째, 강의실 음향을 확인해야 합니다. 음향 장비는 수업에 있어서 중요한 도구입니다. 강사의 목소리가 잘 전달되어야 합니다. 대형 강의실은 대체로 마이크 및 앰프, 스피커가 준비되어 있지만, 그렇지 않은 곳도 있습니다. 어떤 곳은 강의 장소가 넓어 마이크를 사용할 경우 목소리가 울리는 경우가 있습니다. 마이크를 사용했을 때 목소리가 어떻게 전달되는지도 중요합니다. 교육생 대부분이 어르신이라 청력이 예민합니다. 작은 목소리는 들리지 않는 반면, 큰 소리는 귀를 자극합니다. 저는 만약의 경우를 대비하여 차량에 휴대용 앰프와 마이크, 스피커를 휴대하고 다닙니다. 최근에는 가볍고 성능이 뛰어난 제품들을 많이 판매하고 있습니다. 교육장이 넓지만 음향 장비가 잘 준비되어 있지 않은 경우, 또 마이크를 이용하지 않고 목소리로만 강의해야 하는 경우 강사의 피로도가 높아집니다. 스피커 역시 마찬가지입니다. 교육 중에 영상 자료를 활용할 경우 스피커의 역할은 중요합니다. 컴퓨터에서 영상을 재생하는 경우 소리가 작으면 시청 효과가 떨어집니다. 따라서 교육생들에게 충분히 소리가 전달될 만한 스피커를 사용해야 합니다. 그러나 교육장을 방문하면 출력이 작은 사무용 스피커를 준비해 놓거나, 빔프로젝터에서 출력되거나, 이조차도 준비되지 않은 경우가 많습니다. 그럴 경우를 대비해 저는 출력이 적당한 충전식 블루투스 스피커를 가방에 휴대하고 다닙니다. 충전식이지만 30명까지 들을 수 있을 만큼 출력이 좋습니다.

다섯 번째, 강의실의 환경을 파악해야 합니다. 강단을 비추는 조명의 버튼은 어디서 끄고 켤 수 있는지, 창문의 빛이 화면을 흐리게 하는 건 아닌지, 어느 곳에 노트북을 올려놓아야 원활한 조작이 가능할지, 강의 시간 중 틈틈이 봐야 할 시계의 위치는 어디인지 파악해 두어야 합니다. 저는 손바닥보다 작은 탁상시계를 휴대하고 다닙니다. 혹은 스마트폰 시계 어플을 활용합니다. 잘 보이는 곳에 올려두어 교육 시간을 파악합니다. 또 날씨가 너무 덥거나 추울 때를 대비하여 강의실의 온도는 어떻게 조절해야 할지 알아두면 좋습니다. 강의실을 연극이 진행되는 공간이라고 생각을 해본다면, 강의실에 구조와 동선을 파악해야 효과적인 강의가 이루어질 수 있습니다.

물론 이런 것들을 모두 챙기기에는 어려움이 있습니다. 그러나 습관이 되면 10분 만에 충분히 파악이 가능합니다. 10분의 점검으로 강의의 질이 달라집니다. 또한 기자재가 잘 준비되지 않을 경우를 예상해 보다 효과적으로 대응할 수 있습니다. 강의실과 기자재를 무대와 무대장비라고 생각하고 점검해 보세요. 공연 전에 공연장을 점검하듯 부족한 부분은 교육 담당자에게 구체적으로 요청하는 것이 필요합니다. 항상 강조하지만 어떤 이유에서건 강의가 원만하게 이루어지지 않는다면 가장 큰 손해를 보는 것은 강사입니다. 좋은 교육을 준비했어도 환경과 기자재의 문제로 제대로 전달하지 못하는 사례를 자주 보았습니다.

강의를 진행하는 법

강의는 어떻게 진행해야 할까요. 처음이라면 당연히 어렵고 떨리고 긴장이 됩니다. 특히 건강 교실, 웃음 치료, 치매 예방, 레크리에이션 같은 수업은 사람들의 마음을 여는 수업이기에 쉽게 마음을 열고 적극적인 태도로 교육에 참여합니다. 그러나 죽음에 관한 교육은 다소 긴장되고 경직된 자세로 참여하게 됩니다.

웰다잉 강의를 하는 사람이 가져야 할 자세는 '죽음을 이야기하는 것을 두려워하지 않는 것'입니다. 분명 죽음에 관한 주제는 유쾌한 주제는 아닙니다. 이 사실을 인정하고 출발해야 합니다. 그렇다고 해서 강사가 미리 긴장하고 겁낼 필요는 없습니다. 강단 위에 서면 교육생의 표정이 모두 눈에 보입니다. 고등학생 시절, 졸거나 딴짓하는 아이들을 알아보는 선생님처럼 말입니다. 표정을 통하여 수업 분위기를 읽을 수 있었습니다. 교육생이 교육 내용에 집중하고 있고, 듣고 있는지, 받아들이고 있는지 파악됩니다. 그중에는 불편한 표정을 짓는 분들도 있습니다. 그렇다고 해서 위축될 필요는 없습니다. 불편함을 마주해야 진실에 다가설 수 있습니다. 인간은, 그리고 우리는 반드시 죽는다는 것이 진실입니다. 하지만 많은 강사가 이 고비를 넘지 못합니다. 그래서 '죽음'을 에둘러 표현하거나, 웰다잉 수업에서 죽음에 대한 이야기는 10분만 하고, 나머지는 수업과 다소 거리가 있는 건강 정보나 웃음 치료, 레크리에이션으로 진행하기도 합니다. 교육 담당자가 저에게 가급적 '죽음'이라는 단어를 지양해달라고 요청할 때도 있습니다. 언급하였듯 화투장을 던지고 나가거나, 장수하는 법을 알려줘야지 지금 우리 보고 죽으라는 거냐, 지팡이를 휘두르며 역정을 내는 경우도 있었습니다. 그러나 우리는 이러한 불편함을 마주해야 하는 사람들입니다. 소위 말해 '죽음불안'을 일정 부분 촉발해야 합니다. 죽음을 마주하는 일은 쉽지 않습니다. 그러나 우리는 그런 죽음을 마주 볼 수 있게끔 돕는 일을 하는 사람들입니다. 실제로 제가 진행하는 웰다잉 수업은 '죽음'이라는 단어를 있는 그대로 표현합니다. 그리고 죽음의 과정을 자세히 설명합니다. 실제 임종의 과정이 담긴 영상을 어르신들과 함께 시청합니다. 불편할 수 있습니다. 또 호불호도 있었습니다. 그러나 그러한 것들이 10년 동안 웰다잉 강사로 자리 잡을 수 있는 발판이 되었습니다. 교육 담당자들에게 "강원남 강사는 죽음의 과정을 정확하게 전달한다, 깊고 의미 있게 전달해서 다른 강사와 다른 것 같다"는 피드백을 들었습니다. 이처럼 우리는 죽음을 이야기하는 것을 두려워하지 말아야 합니다. 말하는 이가 두려워하면 듣는 이도 두려워합니다. 하지만 참 쉽지 않습니다. 많은 연습과 노력이 필요합니다.

두 번째, 죽음을 이야기하는 것을 두려워하지 말아야 하지만, 수업 분위기는 밝고 가볍게 진행해야 합니다. 죽음, 그리고 웰다잉이라는 주제 자체는 이미 무게감이 있습니다. 대상에 따라 다르지만, 무거운 주제를 무겁게 전달하면 교육의 효과성이 떨어집니다. 죽음이라는 무거운 주제를 가볍고 밝게 전달해야 합니다. 그러기 위해서 강사는 밝은 표정과 밝은 옷(저는 패션 감각이 제로라서 잘 안 되는 부분입니다), 밝은 목소리로 임해야 합니다. 그러므로 웃음과 유머가 필요합니다. 수업 중간중간 분위기를 밝게 끌어나갈 수 있는 유머가 있으면 좋습니다. 저에게 웰다잉 수업을 들었던 교육생들의 소감문 중에 이런 구절이 인상 깊었습니다. '죽음에 대한 이야기를 이렇게 밝고 재미있게 풀어낼 수 있다니 인상 깊었습니다.' 저에게는 무엇보다 큰 칭찬이고 격려였습니다. 첫 시간에는 딱딱한 분위기를 풀고 서로 친근감을 얻기 위해 간단한 레크리에이션이나 치매 예방 체조, 건강 박수 등을 통하여 가볍고 밝게 시작하는 것도 좋습니다.

세 번째, 스마트폰 사용에 대한 공지를 반드시 합니다. 노인을 대상으로 하는 수업 중에 스마트폰 벨소리가 울리지 않으면 오히려 이상할 정도로 벨소리가 자주 울립니다. 벨소리가 울리면 공들였던 수업 분위기가 흐트러집니다. 특히 감정이 고조되고 중요한 내용을 전달할 때 벨소리가 울리면 교육생의 모든 관심이 벨소리가 울린 곳으로 향합니다. 수업 시간 중 벨소리가 울려 어르신들 사이에 다툼이 일어날 때도 있습니다. 이런 일을 막고자 수업 전 화면에 진동모드로 바꾸는 법을 띄웁니다. 잘 모르실 경우 찾아가 진동모드로 바꿔드립니다. 반대로 수업을 마친 후 진동모드 해제 역시 안내해야 합니다. 한 어르신께서 수업 시간 중 진동모드로 바꿔놓았는데, 수업을 마치고도 진동모드를 해제하지 않았습니다. 어머니께서 종일 전화를 받지 않아 자녀들이 놀라 경찰에 신고한 적도 있었습니다. 당연한 일이라 생각하지만, 이런 일이 꽤 자주 발생합니다. 원활한 수업 진행을 위해 반드시 안내하는 것이 좋습니다.

네 번째, 수업에 대한 소개를 합니다. 수업 전반에 대한 오리엔테이션이 필요합니다. 실제로 어떤 수업인지 모르고 참여하는 분들이 있습니다. 좋은 수업이라고 해서 참여했다가 죽음을 이야기하는 내용에 깜짝 놀라 나가시는 경우도 있습니다. 그래서 웰다잉은 어떤 수업이며, 무슨 내용을 다루는지 전반적인 흐름을 간략히 소개하는 것이 필요합니다. 또 수업 시간을 미리 말씀드려야 합니다. 연령과 건강에 따라 다르지만, 어르신을 대상으로 하는 수업은 60분부터 최대 90분까지 진행이 가능합니다. 그러나 현실적으로 60분이 지나면 체력적인 어려움을 호소합니다. 또한 대소변의 문제도 발생합니다. 따라서 전체 교육 시간을 미리 안내해야합니다.

다섯 번째, 교육생의 참여를 유도하는 질문과 의견들을 듣는 것이 필요합니다. 좋은 수업은 좋은 질문에서 출발합니다. "어떻게 죽으면 잘 죽을까요?" "죽음이란 무엇일까요?" 이와 같은 질문을 통해 어르신이 생각하는 좋은 죽음이란 무엇인지 이야기를 나눕니다. 질문은 수업을 풍성하게 만듭니다. 좋은 질문과 좋은 답변이 교육보다 더 의미 있는 경우도 있습니다. 어르신이 겪은 사례를 수업 도중에 나누면 교육이 더 풍성해집니다. 가능하면 수업에 참여하는 어르신 개개인의 이야기를 들으면 좋습니다. 그러나 때와 상황에 따라 달라질 수 있습니다. 10명 미만 수업일 경우 한 분 한 분의 이야기를 충분히 듣고 이야기 나눌 수 있습니다. 그러나 15명 이상 수업에서는 이야기를 듣기에는 시간이 부족합니다. 작은 규모의 수업에서는 개인의 생각을 들어볼 수 있는 개방형 질문을 사용하는 것이 적절하고, 큰 규모의 수업에서는 질문을 던지고 거수를 해 자기 생각을 확인하는 폐쇄형 질문 등을 사용하는 것이 적절합니다. 또 이야기를 들을 때 한 사람이 자주, 길게 발언하는 것은 좋지 않습니다. 가급적 다양한 사람들의 이야기를 듣는 것이 필요하며, 이야기가 길어질 경우 양해를 구하고 조정하는 것이 좋습니다.

여섯 번째, 노인을 위한 교육은 크게, 천천히, 하지만 명확히 해야 좋습니다. 노인은 청력이 좋지 않습니다. 그러므로 작은 목소리에 우물거리는 발음은 어르신들의 이해를 돕는 데 좋지 않습니다. 반대로 마이크 볼륨을 크게 키우면 어르신들의 귀에 거슬리는 경우가 있습니다. 이를 위해서 앞서 언급하였듯 사전 교육장 환경 파악이 중요합니다. 마이크를 테스트해 보고 강의장에서 어떻게 들리는지 들어봐야 합니다. 말의 속도는 가급적 천천히 말하는 것이 좋습니다만 때에 따라 다릅니다. 점심시간 이후 교육은 느리고 일괄적인 톤으로 수업을 진행하면 졸립니다. 지루한 환경에서는 조금 빠르게, 산만한 환경에서는 또렷하게 톤을 조절하는 것이 좋습니다. 한 노인복지관에서 학교 체육관을 빌려 대규모 교육을 진행한 적이 있습니다. 마이크 음향을 준비해 주었지만, 큰 규모의 체육관이라서 그런지 음성 전달이 잘 되지 않았습니다. 목소리가 울리면서 반향음이 크게 들렸습니다. 목소리가 큰 편인 저는 단상에서 내려와 어르신들 곁으로 갔습니다. 그리고 마이크 없이 생목으로 천천히 또박또박 수업을 진행했습니다. 산만했던 분위기에서 목소리가 울림 없이 잘 전달되자 어르신들이 집중하기 시작했습니다. 이처럼 수업 내용을 잘 전달하는데, 목소리와 톤도 중요합니다.

일곱 번째, 수업 시간을 엄수해야 합니다. 정해진 수업 시간을 지켜야 합니다. 주어진 시간에 맞춰 수업을 진행하는 것도 강사의 능력입니다. 저는 수업 장소를 방문하면 시계의 위치를 살펴봅니다. 시계가 보이지 않을 경우를 대비해 작은 탁상시계를 휴대하고 다닙니다. 혹은 스마트폰 시계 어플을 통해 멀리서도 잘 보일 수 있도록 눈에 잘 보이는 곳에 세워둡니다. 아무리 좋은 수업이더라도 시간이 길어지면 교육생의 집중력이 떨어집니다. 어르신은 젊은 세대보다 체력의 어려움이 있습니다. 따라서 적절한 수업 시간을 지키는 것이 중요합니다. 그러나 예정된 시간보다 수업을 일찍 끝내서는 안 됩니다. 교육 기관에서 요청한 시간을 준수해야 합니다. 초보 강사 때는 준비한 수업 내용을 모두 마쳤는데 시간이 남을 때도 있었습니다. 남은 시간을 조절하기 위해 질의응답을 요청하거나 소감을 부탁드려도 응하지 않아 곤란했습니다. 반면 중요한 내용을 전달하지 못했는데 시간이 부족하여 마쳐야 할 때도 있었습니다. 어르신의 질문과 소감이 너무 길어 수업 시간을 뛰어넘어 곤란해졌던 적도 있습니다. 강사는 교육 시간을 조절할 수 있어야 합니다. 저는 수업 구조를 이론과 사례로 구성합니다. 수업 내용이 100%라면 120%를 준비합니다. 이론과 핵심 메시지를 반드시 진행하되 이후에 부연 설명을 위한 사례를 여러 개 배치합니다. 중요한 사례일수록 앞으로 배치하고, 덜 중요한 사례는 뒤로 배치합니다. 수업 시간에 따라 시간이 넉넉할 때는 사례를 충분히 보여주며, 시간이 부족할 때는 중요한 사례를 우선 설명하고 덜 중요한 사례를 제외하여 조절합니다. 예를 들어 교육 기관에 한 시간 특강을 요청받아 방문했습니다. 수업을 시작하려 하니 교육 소개말, 기관장님 인사말, 내빈 인사말, 교육 담당자가 인사를 하다 보니 수업 시간이 15분이 훌쩍 지나갔습니다. 그러면 저는 45분 수업을 진행해야 합니다. 이런 경우 이론과 핵심 사례, 중요한 질문과 소감 정도를 가감하여 45분 정도로 수업을 마칩니다. 주어진 시간 안에 핵심적인 내용을 전달하는 것이 강사의 노하우입니다. 처음에는 어렵지만, 이론과 사례를 벽돌처럼 쌓아 구성한다면 점차 익숙해집니다.

여덟 번째, 만반의 준비를 하고 수업을 진행하더라도 항상 돌발 상황이 발생합니다. 갑자기 기자재가 작동하지 않아 수업을 진행할 수 없는 경우도 발생합니다. 수업 시간 중 울리는 스마트폰 때문에 다툼이 일어난다거나, 어르신이 수업 내용에 반론을 제기하는 경우도 있습니다. 또 처음 만난 어르신들이 수업을 받아들이는 태도나 집중력이 낮은 경우, 속도를 낮춰 천천히 크고, 쉬운 말로 전달해야 할 때도 있습니다. 한 마디로 돌발상황의 연속입니다. 이런 상황에서는 강사와 교육생 모두 집중력이 무너집니다. 따라서 그만큼 순발력과 대처능력도 중요합니다. 낙담해서는 안 됩니다. 강사의 역량은 편안한 곳에서 우호적인 교육생을 대상으로 나타나는 것이 아니라, 예측할 수 없는 곳에서 비우호적인 교육생들을 대상으로 효과를 발휘할 때 드러납니다. 수업은 불확실성의 연속입니다.

아홉 번째, 수업을 마친 다음 복기(復棋)를 해보세요. 복기(復棋)란 바둑에서, 한 번 두고 난 바둑의 판국을 비평하기 위하여 다시 처음부터 놓아 보는 것을 말합니다. 수업을 마친 다음 복기해 보세요. 단순히 교육생들의 반응을 살펴보는 것이 아니라 사례와 내용은 어떻게 받아들였는지, 어떤 부분에서 집중도가 높았는지를 파악해 봅니다. 또 참여도와 반응이 좋지 않았던 부분은 무엇이며, 다음 교육에 고쳐야 할 부분들, 유의해야 할 사항들, 새롭게 시도해 보고 싶은 내용을 기록해 두면 좋습니다. 또 교육 도중 교육생을 통해 새롭게 알게 된 내용도 기록합니다. 강사는 비슷한 주제와 내용을 이야기하지만, 청중은 매번 달라집니다. 복기를 통해 다양한 경험을 기록한다면 더 좋은 교육을 진행하는 데 도움이 될 것입니다.

열 번째, 좌절하지 마세요. 때론 수업 분위기가 좋지 않거나 어르신의 참여도가 좋지 않은 경우, 교육의 목적을 달성하지 못하는 경우 속상할 때가 있습니다. 저는 사회복지사를 대상으로 웰다잉을 주제로 보수교육을 진행할 때가 있습니다. 사회복지사 보수교육을 마치면 한 달 뒤 교육 만족도와 소감문이 전달됩니다. 소감문을 열어볼 때마다 가슴이 두근거립니다. 좋은 소감이 대부분이면 안심되지만, 반대로 냉철한 의견과 납득할 수 없는 불만이 적혀 있을 때는 힘이 빠지기도 합니다. 그러나 모두에게 좋은 교육은 존재하지 않습니다. TV에 나오는 유명 강사들도 호불호가 갈립니다. 하물며 죽음을 주제로 하는 강의인데, 호불호가 갈리지 않을 리 없습니다. 의견을 받아들여 개선해야 할 부분은 고치면 됩니다. 낙담하지 마세요. 처음 강사 활동을 시작하고 많이 좌절하던 제게 한 선배 강사님이 해주신 말이 큰 위로가 되었습니다. "프로야구 선수는 10번 중의 세 번만 쳐도 3할 타자라고 해요. 3할만 해도 아주 훌륭한 타자입니다. 어떻게 모두에게 좋은 수업이 있겠어요?" 이 말이 용기가 되었습니다. 저의 웰다잉 교육을 듣는 열 명 중에 세 명만이라도 죽음을 통해 삶을 잘 살도록 다짐하고, 또 좋은 죽음을 맞이한다면 그것만으로도 큰 보람이 아닐까요? 과도한 자기 합리화를 할 필요는 없지만, 반대로 자책하거나 낙담할 필요도 없습니다. 웰다잉 강사는 우리 삶에 꼭 필요한 수업을 하는 사람들입니다.

그럼에도 불구하고 하지 말아야 할 것들

꼭 해야 하는 것을 하는 것도 중요하지만, 하지 말아야 할 것들을 하지 않는 것도 중요합니다. 하지 말아야 할 것을 하지만 않아도 평균 이상의 교육을 할 수 있습니다. 첫 번째는 교육에 참여하는 어르신을 대하는 말투입니다. 어르신에게 친근감을 표현하기 위해 격의 없는 호칭을 부르거나, 반말을 사용하는 경우가 있습니다. 최근에는 노인복지관을 이용하는 어르신분들도 '노인'이라는 표현을 싫어합니다. 지역별, 상황별로 다르지만 '어르신', '어머님', '아버님'이라는 표현도 꺼리는 경우가 있습니다. 아버님, 어머님 호칭을 부르면 "내가 왜 당신 아버님이냐?"라고 의문을 표하시기도 합니다. 노인이라는 표현 대신 선배 시민 이라는 단어를 쓰자는 운동도 있습니다. 최근 한 노인복지관에서 어르신을 대상으로 적절한 호칭은 무엇인지 투표한 결과, '회원'님이라는 호칭을 쓰자고 합의한 경우도 있습니다. 물론 저는 '어르신' 혹은 '아버님', '어머님'이라는 호칭을 쓰고 있습니다. 그러나 이와 별개로 '엄마', '아

3장 웰다잉 교육, 어떻게 진행해야 할까요?

빠', '할머니', '할아버지'라는 호칭을 쓰며 반말을 사용하는 강사도 있습니다. 물론 교육 분위기를 친근하고 부드럽게 하기 위해서지만, 어르신이 이에 반발하여 민원을 제기하는 경우도 있습니다. 또 어르신을 마치 어린아이를 대하는 말투도 피해야 합니다. 물론 오랜 만남과 충분한 소통, 신뢰와 친밀감이 형성되면 가능할 수 있지만, 가급적 지양해야 합니다. 교육생이지만 어르신으로 존중해야 합니다.

　두 번째는 웰다잉 강의 특성상 죽음을 희화하거나 강요, 단편화하는 내용은 피해야 합니다. 교육의 효과를 위해 논리를 단순화하여 이해를 높이는 것도 필요하지만, 그럴 경우 배경과 의미를 충분히 설명해야 합니다. 이를테면 "늙으면 죽어야 한다", "무의미한 연명치료를 받느니 죽어야 한다", "기저귀를 차고 사느니 차라리 죽는 게 낫다", "자살하면 지옥에 간다", "아내가 죽으면 남편은 화장실에 가서 웃는다", "안락사법이 제정이 되어서 사람 구실 못하면 차라리 빨리 가는 것이 낫다" 등의 과격한 표현과 내용을 주장하는 강사도 있습니다. 이런 표현은 교육생의 잘못된 생사관을 조장할 수 있습니다. 교육을 듣는 어르신들은 다양한 사연을 갖고 있습니다. 자살로 자녀를 떠나보냈거나, 아내가 치매를 가지고 있는 경우, 암 판정을 받고 투병하는 경우 등 여러 상황에 처해 있는 분이 교육에 참여합니다. 어려움을 극복하고자 교육에 참여한 분들이 오히려 상처받거나 눈물을 흘리는 경우도 있습니다. 인권 감수성,

성적 감수성이라는 표현이 있습니다. 이처럼 웰다잉 교육에도 죽음 감수성이 필요합니다.

　세 번째는 인권, 성(性)인지, 종교, 정치적, 상업적 내용은 피해야 합니다. 웰다잉 교육에서는 비인권적인 표현을 하지 말아야 합니다. 또한 관용화된 표현이라 하더라도 성적인 표현과 단어 사용을 유의해야 합니다. 듣는 사람에 따라 불쾌함을 불러일으킬 수 있습니다. 종교적인 내용도 호불호가 갈리는 경우가 많습니다. 물론 웰다잉 교육과 종교, 영성은 빼어놓을 수 없는 부분입니다. 그럴 경우, 교육생의 신앙관과 다를 수 있다는 점을 미리 양해를 구해야 합니다. 혹은 특정 종교에 치우치기보다 다양한 종교의 사례를 보여주는 것이 좋습니다. 특정 종교를 전도하는 것은 피해야 합니다. 정치적인 이야기도 유의해야 합니다. 어르신들의 경우 정치색과 신념이 뚜렷한 경우가 많습니다. 물론 개인의 정치적 신념을 존중해야 합니다. 그러나 정치적인 내용은 짧은 시간에 쉽게 합의되지 않습니다. 토론 문화도 익숙하지 않습니다. 웰다인 교육과 상관없는 이야기로 대부분 갈등을 불러일으킵니다. 따라서 정치적 갈등이 예상되는 사례는 가급적 제외하는 것이 낫습니다. 상업적 내용도 피해야 합니다. 웰다잉 교육을 마치고 건강 및 생명보험, 상조보험 가입을 권유하거나, 특정 병원 홍보, 건강식품을 안내하여 판매하는 것은 해서는 안 됩니다.

3장 웰다잉 교육, 어떻게 진행해야 할까요?

마지막으로 잘못된 정보, 출처가 불확실한 정보는 전달해서는 안 됩니다. 교육생의 흥미를 높이기 위해 다양한 자료를 활용하는 것은 좋으나, 잘못된 정보나 출처를 알 수 없는 내용은 전달하지 않는 것이 좋습니다. 모든 정보의 진위를 파악할 수는 없지만, 감동과 교훈을 주기 위하여 왜곡되거나 창작된 이야기들이 인터넷에 많이 돌아다닙니다. 잘못된 건강정보와 상식을 전달하는 것도 조심해야 합니다. 예를 들어 코로나 상황 때 코로나를 극복할 수 있다는 그릇된 민간요법을 전달하는 강사도 있었습니다. 좋은 목적이라 하더라도 잘못된 수단을 선택해서는 안 됩니다. 특히 노인들도 스마트폰 및 SNS 활용이 늘어나면서 잘못된 정보를 무분별하게 수용하는 경우를 봅니다. 이처럼 좋은 교육을 위해서 정보의 출처와 진위 여부를 확인하는 것이 필요합니다.

교육의 효과성 파악

웰다잉 강사는 자신의 교육이 효과가 있는지 확인해야 합니다. 교육 담당자는 교육을 통해 교육생에게 효과가 있었는지를 알고 싶어합니다. 사업비 및 강사비, 진행비를 투입한 만큼 교육 효과성을 증명해야 합니다. 물론 웰다잉 교육의 특성상 단기간 내에 효과를 증명하는 것은 쉽지 않습니다. 죽음에 대한 생각과 태도는 한두 번의 교육으로 변화할 수 없습니다. 그럼에도 웰다잉 강사는 자신이 진행한 교육의 객관적인 효과를 증명해야 강사로서 자리매김할 수 있습니다.

그렇다면 웰다잉 교육의 효과를 어떻게 증명해야 할까요? 효과성을 확인하는 다양한 방법이 있습니다. 가장 많이 활용되는 방법은 사전·사후 척도 검사입니다. 어르신이 수업에 참여하기 전 검사를 하고, 수업을 마치고 난 다음 다시 검사를 하는 방법입니다. 수업을 통하여 얼마나 변화했는지를 통계적으로 확인할 수 있습니다. 쉬운 예로 흔히 알고 있는 의학 실험과 같습니다. 혈압약을 먹기 전 혈압과 혈압약을 먹고 난 다음 혈압을 비교해 보면 혈압약이 효과가 있는지를 파악할 수 있습니다. 마찬가지로 죽음과 관련된 심리 설문지를 활용하여 교육 전의 심리와 교육 후의 심리를 비교하면 효과를 알 수 있습니다. 웰다잉 교육에서 많이 쓰는 척도는 '죽음불안척도', '죽음태도척도' 등이 있습니다. 최근에는 '죽음대처척도'도 사용하고 있습니다. 죽음불안척도는 죽음에 대해 스스로 얼마나 불안을 느끼는지 조사하는 지표입니다. 죽음태도척도는 죽음에 대한 스스로의 태도를 조사하는 지표입니다. 죽음대처척도는 죽음이 다가올 경우 스스로 대처할 수 있는 능력이 있는지를 파악하는 지표입니다. 이와 같은 척도는 전공서적과 관련 논문, 인터넷을 통해 찾아볼 수 있습니다.

두 번째로 쓰이는 방법은 만족도 조사입니다. 만족도 조사는 일상생활에서 쉽게 접할 수 있습니다. 예를 들어 가전제품에 대한 제품 만족도, 서비스 만족도, 친절 만족도 등을 인터넷이나 전화로 조사하는 경우입니다. 이처럼 교육을 마친 후 교육생들을 대상으로 교육 만족도를 조사합니다. 교육 만족도는 다음과 같은 항목으로 이루어집니다. 교육 시간 만족도, 교육 기간 만족도, 교육장 환경 만족도, 교육 내용 만족도, 강사 만족도 등으로 구성되어 있습니다. 만족도 조사는 교육의 효과성을 파악하기에는 한계가 있으므로 참고하는 것이 좋습니다.

마지막으로 서술형 만족도입니다. 사전·사후 척도 검사 및 만족도 조사가 점수로 환산되는 조사라면 서술형 만족도는 교육을 들으며 느꼈던 소감이나 기억에 남는 부분을 자유롭게 서술하는 방식입니다. 척도에 비하여 조금 더 자세히 의견을 수렴할 수 있다는 장점이 있으나, 산술적인 변화를 파악하기에는 다소 어려움이 있습니다. 그러나 교육생의 생각을 깊고 다채롭게 파악할 수 있다는 장점이 있습니다. 저는 교육을 마치면 가능한 A4용지 반 장 분량의 소감문을 교육생들에게 부탁합니다. 웰다잉 수업을 들으며 기억에 남는 점, 인상 깊었던 점, 자기 삶에 적용하고 싶은 점을 적어봅니다. 소감문은 스캔을 통해 디지털 파일로 변환하여 교육 담당자에게도 전달합니다. 교육 담당자는 이를 통해 교육생들의 변화를 파악할 수 있고 교육의 효과성을 증빙할 수 있는 자료로 활용할 수 있습니다.

최근의 경향은 세 가지 방법을 모두 활용하여 교육생의 변화를 면밀하게 파악하는 추세입니다. 더불어 스마트폰의 보급으로 교육생을 대상으로 동영상 인터뷰를 기록하기도 합니다. 물론 강사의 입장에서는 이와 같은 평가가 다소 번거롭고 불편할 때도 있습니다. 특히 웰다잉 교육은 죽음에 관한 교육이라 단기간에 변화하기가 어렵습니다. 가끔은 인간의 본능적인 죽음 욕구가 과연 줄어들 수 있을까 의문이 들기도 합니다. 또한 교육 회기가 충분하지 않은 경우 프로그램의 효과성을 파악하는 데 어려움이 있습니다. 오히려 짧은 교육으로 인해 죽음공포와 불안을 촉발하는 것이 아닐까 우려가 되기도 합니다. 그럼에도 진행한 교육의 효과성을 파악한다면, 스스로 발전할 수 있는 계기가 되며 더 나은 교육을 진행할 수 있는 밑바탕이 될 수 있습니다.

교육을 빛내줄 활동들

강의식 교육도 필요하지만, 때에 따라 다양한 활동을 통해 교육의 성과를 높일 수 있습니다. 물론 이런 활동은 대상과 상황에 따라 적절히 활용해야 합니다. 첫 회기 수업 이후 집단의 성향을 파악하고 상황에 맞춰 활동하는 것이 좋습니다. 20명 이상의 집단에서는 다소 진행이 어렵습니다. 통상적으로 10명 미만의 집단이 적절합니다. 참여자가 10명 미만일 때 각각의 성취도와 변화를 강사가 파악하기에 용이하고, 활동 이후 서로 소감을 나누기에도 적절합니다. 글을 읽고 쓰는 것이 가능하고 학력 수준이 높은 분들은 글쓰기 과정도 충분히 참여할 수 있지만, 연세가 많거나 학력이 낮은 분들, 건강상의 이유로 글씨 작성이 어려운 분들은 토론과 글쓰기 활동보다 오히려 미술 활동 등이 적합합니다.

해피엔딩노트 작성 과정

　우리 연구소에서는 자체적으로 제작한 해피엔딩노트를 수업 시간에 활용합니다. 심리학자 에릭슨은 '과거의 삶을 긍정적으로 평가하는 지혜가 죽음을 수용하는 것이다'라고 말했습니다. 해피엔딩노트 작성 과정은 과거 자신의 삶을 되돌아보고 미래를 긍정적으로 생각하는 것을 목표로 합니다.

　해피엔딩노트는 크게 '삶'과 '죽음'으로 나뉘어 있습니다. 구성은 다음 장의 표와 같습니다.

　이와 같은 내용을 함께 작성하며 자신의 삶을 돌아보고 앞으로 다가올 마무리를 준비합니다. 해피엔딩노트를 받는 사람은 주로 가족, 자녀 혹은 배우자입니다. 자녀 중에는 부모님이 쓰신 해피엔딩노트를 보고 눈물을 흘렸다는 후기를 전해주신 적이 있었습니다. "부모님에 대해 잘 몰랐어요. 사실 내 자녀들 좋아하는 것만 생각했지, 부모님이 어떤 음식을 좋아하는지, 어떤 노래와 가수를 좋아하는지는 몰랐어요. 또 우리를 낳기 전 젊은 시절 어떻게 살아오셨고, 우리에 대해 어떻게 생각하는지도 서로 이야기 나눌 시간이 없었죠. 쑥스럽기도 하고 민망하기도 해서요. 부모님이 주신 해피엔딩노트를 통해 부모님을 조금 더 알 수 있게 되었어요. 물론 부모님이 돌아가신다고 생각하면 두렵기도 하고 슬프지만, 부모님께서 먼저 자신이 어떻게 죽음을 맞이하고 싶은지 말씀해 주셔서 이런 이야기를 조금 더 편하게 할 수 있었어요. 부모님의 생각을

삶	죽음
• 나의 웰다잉 선언문 • 나는 누구인가요 • 나의 고향은 어디인가요 • 나의 부모님은 어떤 분이셨나요? • 나의 배우자는 어떤 사람인가요? • 나의 자녀들은 어떤 사람인가요? • 잊을 수 없는 사람들은 누구인가요? • 나의 인생그래프 • 나의 인생에서 기억에 남는 일은 무엇인가요? • 나의 인생에서 잘한 일은 무엇인가요? • 사람들은 나를 어떤 사람으로 기억할까요? • 내 삶에 반드시 해보고 싶은 일들 • 비우고 나누고 채우기 • 나에게 주는 상장	• 웰다잉 체크리스트 • 나에게 있어 죽음이란? • 내가 바라는 죽음은 어떠한 모습인가요? • 환자의 알 권리와 자기 결정권 선언문 • 사전연명의료의향서 작성 확인서 • 호스피스 완화의료 이용 희망서 • 장기기증 및 시신 기증 희망서 • 나의 장례식 희망서 • 유언장 양식

해피엔딩노트 구성

알 수 있는 계기가 되었습니다. 앞으로도 두고두고 큰 선물이 될 것 같아요. 더 효도하고 싶어요."

미술 활동을 통한 나의 삶 되돌아보기

글을 쓰는 것이 어려운 분들은 스스로 자유롭게 표현할 수 있는 미술 활동을 통해 삶을 되돌아보는 시간을 갖습니다. 의외로 자녀나 손자들이 색연필이나 크레파스로 그림 그리는 모습을 보기만 하지, 직접 해보지는 않습니다. 그래서 처음에는 낯설어하거나 불편해하는 경우도 있습니다. 플라스틱 손잡이를 돌리면 나오는 미술용 색연필조차 사용하기 어려워합니다. 더욱이 처음부터 밑그림 없이 자유롭게 그림을 그리는 데는 어려움이 더 큽니다. 이런 거부감을 줄이기 위해 도안을 활용한 미술 활동을 주로 진행합니다. 우리 연구소에서 진행하는 미술 활동은 총 7개로 구성되어 있습니다. '나는 누구인가요', '내 삶의 빛깔은?', '나의 고향은 어디인가요?', '아름다운 나의 손', '내 인생 꽃피우기', '함께 식사를 해요', '보석함을 남겨요' 등으로 구성되어 있습니다. '나는 누구인가요'는 참여자의 이름이 적힌 도안을 꾸미며 자신의 이름을 지어준 부모님과 이름의 의미에 대해 생각해 보는 활동입니다. '내 삶의 빛깔은?' 활동은 아기에서부터 소년, 청년, 중년, 장년, 노년에 이르는 과정을 떠올리며 색칠하고 꾸미는 활동입니다. '나의 고향은 어디인가요?' 활동은 초가집 도안을 색칠하고 꾸미며 고향에 대한 기억을 떠올려보는 활동입니다. '아름다운 나의 손'은 자신의 두 손을 직접 그리고 색칠하고 꾸미는 활동입니다. 왼손은 '자신이 살아오면서 잘했던 일'을 생각하며 꾸미도록 하고, 오른손은 '앞으로 자신이 하고 싶은 일'을 생각하며 꾸미도록 합니다. '내 인생 꽃피우기'는 꽃 도안을 색칠하고 꾸미며 자신의 삶에서 가장 기쁘고 아름다웠던 순간들을 떠올려 봅니다. '함께 식사를 해요'는 살아오면서 사랑하거나 고마운 사람들, 신세 졌던 사람들을 그려보며 사람을 색칠하고, 대접하고 싶은 음식을 꾸미도록 합니다. '보석함을 남겨요'는 보석함 도안을 색칠하고 꾸미며 가족 혹은 자녀, 사랑하는 이들에게 남겨주고 싶은 유산을 생각해 보는 활동입니다. 이와 같은 미술 활동은 도안과 색연필, 그리고 도안에 맞는 스티커와 도구를 활용하여 진행합니다. 스티커는 별, 하트, 보석, 꽃, 나비 모양 등을 활용합니다. 완성한 도안에 꽃과 나비를 붙이며 자신의 삶이 활짝 피어난 것 같다며 웃음 짓는 어르신도 있습니다. 특히 꽃 모양 스티커는 어르신의 만족도와 선호도가 높습니다. 꽃 모양 스티커는 인터넷 쇼핑몰에서 다양한 제품을 구입할 수 있습니다.

미술 활동을 진행하며 어르신과 자연스럽게 이야기를 나눌 수 있습니다. 어떻게 살아오셨는지, 고향에 어떤 추억이 있는지, 고향에는 마지막으로 언제 다녀오셨는지, 삶에서 가장 어려웠던 시절과 기뻤던 시절, 그리고 사랑하는 사람들과 어떤 추억이 있는지를 여쭤봅니다. 미술치료는 그림을 토대로 개인을 분석하지만, 저는 심리 전문가가 아니기 때문에 본인이 표현한 그림을 토대로 어르신들의 이야기를 스스로 꺼내고, 말할 수 있도록 유도합니다. 전문가의 분석도 중요하지만, 참여자 스스로 삶을 돌아보며 삶의 의미를 찾고 긍정적인 회상이 이루어질 수 있게끔 돕습니다. 삶의 이야기를 나누며 환하게 웃기도 하고, 눈물 흘리기도 합니다. 그럴 때는 가만히 손을 잡고 휴지를 건네드리며 위로합니다. 또 자신이 완성한 작품을 소개하며 그동안 참 열심히 살아온 것 같다는 소감을 밝히기도 합니다. 수업에 참여한 어르신들은 서로의 이야기에 공감하며 위로하고 응원합니다. 물론 모든 분이 적극적으로 활동에 참여하지는 않습니다. 때론 서투르고 어색함에 활동을 거부할 때도 있지만, 꾸준히 격려하고 이야기할 수 있도록 노력해야 합니다. 그러면 회기가 지날수록 조금씩 마음을 열고 바뀌어 가는 어르신의 모습을 볼 수 있습니다.

이와 같은 활동은 노인미술심리상담사 과정을 통해 배운 내용입니다. 미술 활동을 통해 어르신을 대상으로 하는 웰다잉 교육의 범위를 보다 더 넓힐 수 있었습니다. 다른 강사 중에는 이 외에도 다양한 방법으로 인생 회고 프로그램을 진행하는 경우도 있습니다. 활동에 정답은 없습니다. 각자의 역량과 교육생의 특성에 맞춰 개발하여 활용하면 됩니다.

비대면, 온라인 교육의 시대

2020년 코로나가 발생했습니다. 코로나는 우리 삶의 많은 것을 바꿔놓았습니다. 저와 같은 웰다잉 강사도 타격이 컸습니다. 코로나는 연령이 높을수록 더 위험했기 때문에 복지관 수업이 전면 취소되었습니다. 다른 강사들도 마찬가지였습니다. 모두가 어려운 시간을 겪었습니다. 당장 생계를 유지해야 할 수입이 사라졌습니다. 경제적으로 큰 어려움을 겪었습니다.

조금씩 시간이 흐르고 사람들은 익숙해졌지만, 복지관의 수업은 쉽게 재개되지 않았습니다. 복지관에 나오지 못하는 어르신도 관계가 단절됨에 따라 우울감이 증가했습니다. 건강도 악화되었습니다. 1인 노인가구의 고립 및 고독사도 문제가 되었습니다. 어르신의 고립 및 단절이 점점 더 악화되자 복지관에서는 더 이상 지체할 수 없다고 느껴, 온라인으로의 전환을 모색하였습니다. 기존에 진행했던 대면 수업을 동영상으로 촬영하였으며 이를 유튜브에 송출하였습니다. 영상 링크를 홈페이지와 SNS를 통해 복지관 이용 어르신께 전달하였습니다. 실제 대면 수업과는 다소 거리감이 있었지만, 그럼에도 불구하고 어르신들은 열심히 수업에 참여했습니다.

저 역시도 온라인 교육으로 전환을 모색해야 했습니다. 그런데 자신만만하게 생각했던 온라인 교육은 생각만큼 쉽지 않았습니다. 처음 시도한 온라인 교육은 녹화형 강의였습니다. 실시간 온라인 교육이 활성화되지 않았을 때라 교육 영상을 녹화해서 송출하는 방식이었습니다. 나름 오프라인 교육에 자신 있던 저는 영상 촬영도 무난히 진행할 줄 알았습니다.

그러나 큰 착각이었습니다. 영상 촬영은 오프라인 수업보다 훨씬 어렵고 힘들었습니다. 오프라인 수업은 교육장에서 어르신들과 눈을 마주치고 질문도 하며 서로 교감을 하는 활동이었습니다. 그러나 영상 촬영은 사람이 없는 스튜디오에서 카메라를 보며 혼자 이야기해야 했습니다. 듣는 사람이 없다 보니 말에 생기가 없었습니다. 말을 자꾸 놓치고 더듬었습니다. 어색했습니다. 말이 틀리면 멈췄다가 다시 촬영해야 했습니다. 중간에 잡음이 들어가거나 영상 송출이 원활하지 않으면 재촬영을 해야 했습니다. 한 시간 분량의 영상을 녹화하는 데 무려 세 시간이나 걸렸습니다. 그리고 녹화 영상을 편집하는 데 다시 두 시간이 걸렸습니다. 한 시간짜리 영상을 완성하고 나면 종일 수업을 한 것처럼 녹초가 되었습니다. 무엇보다 영상을 촬영하며 가장 힘들었던 점은 영상을 시청하는 분들의 반응을 알 수 없다는 점이었습니다. 그렇지만 최선을 다해 영상을 제작하여 복지관에 전달하였습니다.

코로나에 조금 더 익숙해지자, 기관에서는 실시간 온라인 교육을 요청하였습니다. 그래서 유튜브나 카카오 TV 등으로 실시간 교육을 진행하였습니다. 기관마다 스튜디오와 카메라를 설치하여 실시간으로 교육 영상을 송출하는 방식으로 교육을 진행했습니다. 복지관에 방문할 수 없는 어르신은 수업 시간에 맞춰 스마트폰이나 컴퓨터로 영상을 시청하며 교육에 참여하는 것이 가능했습니다. 실시간 교육은 녹화 영상에 비해 부담이 덜하고 현장감이 있었습니다. 그러나 교육에 참여한 어르신과 양방향 소통이 어려운 것은 마찬가지였습니다. 하지만 많은 어르신이 유튜브를 이용하고 있어 접근성이 좋았고 수업 참여도와 이해도 높았습니다. 이후 Zoom과 같은 그룹형 실시간 참여 교육이 이루어졌습니다. Zoom

은 실시간 양방향으로 참여자가 서로 얼굴을 보며 이야기를 나눌 수 있는 회의형 프로그램입니다. 그렇지만 어르신들은 해당 프로그램을 잘 알지 못했고 이용에도 어려움이 있었습니다. 교육 담당자가 따로 시간을 내어 어르신을 대상으로 Zoom 이용법을 교육해야 했습니다. 프로그램 이용 중에도 어르신의 실수로 스마트폰 마이크나 카메라가 켜져 사생활이 노출되거나 수업이 산만해지는 경우도 있었습니다. 온라인 교육 참여가 처음이다 보니 태도, 복장, 자세 등의 에티켓 교육도 필요했습니다. 하지만 이런 단점을 잘 보완하면 서로의 반응을 확인하며 실시간으로 진행할 수 있다는 장점이 있습니다. 코로나 후반기가 되어갈수록 Zoom으로 진행되는 교육이 점차 많아졌고, 복지관뿐 아니라 학생, 일반인을 대상으로 Zoom을 활용한 실시간 교육이 점차 늘어났습니다. 코로나가 끝난 지금도 여전히 Zoom을 이용한 실시간 온라인 교육을 희망하는 기관이 있습니다. 이를테면 평일 낮 수업에 참여하기 어려운 직장인들이 저녁 시간에 교육을 희망하거나, 이동 거리가 멀어 대면 교육 참여가 어려운 경우 Zoom으로 교육을 요청하기도 합니다. 또 제주도, 대청도 같은 도서 지역에서 온라인 교육을 요청한 적도 있습니다. 따라서 웰다잉 강사는 온라인 교육에 대해 준비해야 합니다. 관련하여 몇 가지 팁을 드리고자 합니다.

첫째, 온라인 교육 장비를 잘 준비해야 합니다. 온라인 교육은 카메라와 모니터를 통해 실시간 송출되기 때문에 무엇보다 장비의 성능이 중요합니다. 온라인 교육을 진행하고 싶으시다면 PC 카메라와 마이크에는 기본적인 투자를 하시라 조언드립니다. PC 카메라가 HD 이상의 고화질이며, 마이크도 강사의 목소리가 깨끗하게 전달되는 제품을 구입해야 합니다. 수업 내용이 좋더라도 강사의 얼굴이 잘 보이지 않거나 목소리가 깨끗하게 들리지 않으면 전달력이 떨어집니다. 반드시 전문가용 이상의 비싼 제품을 구입해야 하는 것은 아니지만, 최소한 중급 이상 품질의 제품을 구입하기를 바랍니다. 교육을 진행할 때는 가급적 스마트폰보다 컴퓨터를 활용하기를 권장합니다. 컴퓨터도 가급적 중급 이상의 성능을 갖추면 좋습니다. 스마트폰이 직관적이며 활용이 편하지만, 교육 자료를 원활하게 활용하기 위해서는 컴퓨터로 교육을 진행하는 것이 좋습니다. 인터넷 환경도 중요합니다. 무선 wifi 환경보다 가급적 유선으로 연결된 초고속 인터넷망으로 진행하는 것이 끊기지 않고 안정적입니다.

둘째, 온라인 교육은 짧아야 합니다. 온라인 교육은 오프라인 교육에 비해 몸은 편해도 정신적으로 더 높은 집중력을 요구합니다. 오롯이 가만히 앉아 화면만을 보는 것은 쉽지 않습니다. 실제로 오프라인 교육보다 온라인 교육이 더 피로도가 높다는 연구 결과도 있었습니다. 또한 컴퓨터나 스마트폰을 활용하여 교육에 참여하기 때문에 교육 이외의 유혹들이 많습니다. 교육에 참여하며 동시에 게임을 하거나, 유튜브 시청, 인터넷 서핑을 하는 경우도 심심

찮게 볼 수 있습니다. 이런 경우는 어르신보다 젊은 중장년들이 더 많습니다. 온라인 교육은 오프라인 교육을 통상 60분으로 가정했을 때, 45분 정도의 시간으로 진행하거나 혹은 30분씩 2회기로 진행하는 것이 적절합니다. 우리가 온라인에서 접하는 평생교육원 사이트의 영상이 대부분 45분을 넘기지 않는 것을 보면 알 수 있습니다. 따라서 오프라인 교육보다 좀 더 짧은 시간에 요점 정리된 내용을 중점적으로 전달하는 것이 필요합니다.

셋째, 교육생의 참여도를 높일 수 있는 다양한 방법과 매체의 활용이 필요합니다. 온라인 교육의 집중도를 높이기 위해 교육생의 참여를 유도하는 것이 필요합니다. Zoom으로 수업을 진행할 경우 많은 분이 카메라를 꺼놓고 참여합니다. 물론 개인적인 사정과 환경에 의해 카메라를 꺼놓는 경우도 있지만, 남들이 꺼놓으니 나도 꺼놓아도 괜찮겠다는 군중심리도 기인합니다. 그러나 교육을 진행하는 강사의 입장에서는 카메라를 켜놓지 않고 진행하는 수업은 의욕도 낮아지고 어려움이 많습니다. 따라서 가능한 분들은 카메라를 켜놓고 수업에 참여해 주십사 부탁합니다.

수업 진행 도중에는 참여 인원이 소규모이면 돌아가며 소감을 듣고 나누는 것이 좋습니다. 반면 인원이 많은 경우 교육생의 소감을 듣는 데는 오랜 시간이 필요합니다. 그럴 경우 실시간 채팅창을 통하여 의견을 발표할 수 있게끔 유도하는 것이 필요합니다. "죽음이란 무엇일까요?"라고 질문하고 이에 대한 각자의 생각을 채팅창에 입력하게 한 다음 이야기 나누는 것도 좋습니다. 온라인 채팅창은 꼭 질문뿐 아니라 수업 도중에도 언제든지 질문이나 소감을 적을 수 있게끔 안내하면 보다 역동적인 교육이 이루어질 수 있습니다. 수업을 마친 후에도 교육 소감을 적게 한다면 교육 내용이 잘 전달되었는지 확인할 수 있습니다. 또한 교육과 관련된 영상이나 자료를 채팅창에 공유하여 교육 이후에도 참고하여 학습할 수 있도록 돕는 것도 좋습니다. 수업 중간에는 교육생의 피로도를 줄일 수 있는 간단한 온라인 레크리에이션과 게임 등을 실시하면 대면 교육만큼 높은 참여율을 유지할 수 있습니다.

비록 지금은 코로나가 종식되고 다시 오프라인 교육이 늘어나고 있지만, 저는 장기적으로 온라인 교육 시장은 앞으로도 계속 이어질 것으로 예상합니다. 우리 연구소에서 매달 진행하는 웰다잉 특강, 상하반기로 진행하는 웰다잉 학교 같은 경우에도 대면 교육 진행에 어려움이 있었습니다. 교육을 진행하기 위해 장소를 임대해야 하고, 교육 전 강의실, 다과, 준비물 세팅, 식사 등의 준비가 필요합니다. 교육에 참여할 수 있는 대상자 역시 교육장이 위치한 지역 거주자들만 가능했습니다. 그러다 보니 강사료와 공간 대여료, 운영비 등을 감안했을 때 현실적으로 수익성이 낮았습니다.

그러나 코로나 이후 Zoom을 활용하여 평일 저녁 온라인 교육을 실시하면서 공간 대여료와 운영비 등이 절감되었습니다. 또 교육장까지 이동해야 하는 시간과 거리의 부담도 줄었습니다. 이와 같은 장점은 교육에 참여하는 분들도 마찬가지였습니다. 주말, 서울에 한정되었던 교육이 평일 저녁 부산, 광주, 심지어 해외에 있는 분들도 각자의 집에서 참여할 수 있게 되었습니다. 그 결과 코로나 이전보다 많은 분들이 교육에 참여할 수 있었습니다. 물론 교육 효과는 대면 교육이 나을 수 있으나, 시대의 변화를 감안했을 때 장기적으로 온라인 교육의 전환은 피할 수 없습니다. 피할 수 없다면 변화에 적응하여 새로운 교육 과정을 만들어 나가는 것이 좋습니다. 온라인 교육 방식을 활용하여 다양한 커리큘럼을 개발하고 운영할 수 있는 능력이 필요합니다.

4장

웰다잉 교육,

어떻게 홍보해야 할까요?

홍보, 인맥이 아닌 스스로

행복한 죽음 웰다잉 연구소를 운영하며 가장 어려운 것 중 하나는 홍보입니다. 알찬 내용으로 교육을 기획하고 준비해도 교육생이 모집되지 않으면 힘이 빠집니다. 웰다잉 교육을 진행하고 싶지만, 어느 기관과 함께해야 할지, 참여자 모집은 어떻게 해야 할지, 그리고 웰다잉 강사로서 본인을 어떻게 PR해야 할지 막막합니다. 식당으로 예를 들자면, 개업했지만 손님이 오지 않는 것과 마찬가지입니다. 훌륭한 셰프를 모셨습니다. 맛도, 영양가도 있는 음식입니다. 그러나 손님이 오지 않으면 식당은 운영되기 어렵습니다. 꽤 많은 웰다잉 강사가 저에게 이런 어려움을 호소합니다. 저도 같은 어려움을 겪고 있기에 속 시원한 대답을 드리기가 어렵지만, 그럼에도 불구하고 제가 노력해 온 과정을 함께 공유하면 어려운 홍보의 실마리를 풀 수 있지 않을까 싶습니다.

우선 좋은 실력을 갖추는 것이 중요합니다. 홍보의 가장 기본은 입소문입니다. 나의 수업을 들은 사람들이 좋았다는 소감을 전해야 합니다. 교육 기관은 수많은 강사를 섭외하여 다양한 주제로 교육을 합니다. 자연스럽게 강의와 강사에 대한 평가가 이루어집니다. 이에 근거하여 강사 섭외와 강의 요청이 진행됩니다. 강의평과 만족도가 좋다면 자연스럽게 강의 의뢰는 계속 이어집니다. 실제로 저를 섭외했던 기관 중에는 매년 교육을 의뢰하는 곳이 있습니다. 이는 교육에 대한 효과성과 만족도, 교육생들의 참여도가 높았기 때문에 가능합니다.

이러한 결과는 교육 담당자의 신뢰로 이어집니다. 교육 담당자들은 같은 유형의 기관 종사자들과 직간접적 네트워크를 가지고 있습니다. 교육 담당자들이 교육을 기획할 때, 관련 강사의 정보를 습득한 다음, 강의가 진행된 기관 담당자에게 전화를 걸어 문의하는 경우가 있습니다. 따라서 교육을 진행한 기관에서의 교육 만족도는 강의 PR로 자연스럽게 이어집니다. 이는 강의뿐 아니라 강사의 태도와 기관 담당자와의 관계도 포함됩니다. 교육 기관에 대한 우호적인 태도와 교육 담당자와의 좋은 관계도 강사 섭외에 영향을 미칩니다. 반대로 교육을 진행했지만 이후 강의 의뢰가 오지 않는 곳도 있습니다. 이런 경우 자신의 교육 내용을 점검하고 되돌아보는 것이 필요합니다. 홍보의 출발은 좋은 교육과 콘텐츠 개발에서 출발합니다.

두 번째, 인맥보다 실력이 중요합니다. 좋은 강의가 곧 홍보로 이어진다는 사실을 말씀드렸습니다. 반면 교육보다 인맥으로 강의를 홍보하는 강사도 있습니다. 프리랜서 강사 중에는 은퇴 전 기관장으로 근무하셨던 분이 있습니다. 정년퇴직 이후 본인도 해당 분야에 관심이 있어 강사 과정을 이수하고 강사로 활동하기를 희망하셨습니다. 기관장 근무 경력이 많다 보니 여러 기관장님과 업무 관계도 넓으셨습니다. 그래서 강의를 시작한 첫해는 꽤 많은 곳에서 강의를 진행하셨습니다. 그러나 시간이 지날수록 강의 요청은 점점 줄어들었습니다. 강사님은 자신의 교육 내용과 콘텐츠를 점검하기보다 사람들이 자신을 불러주지 않는다 원망했습니다. 교육 담당자 입장에서는 상사의 요청으로 모신 분이시기에 마음의 부담감이 있습니다. 그러나 교육 내용이 효과적이지 못했고, 교육생들도 지루해했으며, 참여도도 낮았습니다. 만족도 역시 낮았기에, 교육 담당자는 다음 해 새로운 강사를 섭외하였습니다. 그렇지만 강사님은 계속해서 기관장님들과의 만남과 인맥으로 강의를 홍보하셨습니다. 인맥으로 강의를 진행할 수 있는 기간은 짧습니다. 실력이 아닌 인맥만 고수한다면, 장기적인 관점으로 보았을 때 좋지 않습니다. 인맥도 중요한 능력이지만, 강의를 잘하는 것이 가장 중요합니다.

강사로 첫발을 내딛는 순간, 증명해야 할 대상은 기관장이 아닌 실무자입니다. 이는 보험업종에 처음 종사한 직원과 같습니다. 처음 한두 해는 지인과 가족들에게 보험 가입을 요청하지만, 언제까지 계속될 수 없습니다. 새로운 곳에서 모르는 사람을 대상으로 모집을 할 수 있는 실력이 되어야 지속 가능성이 있습니다. 저를 잘 모르는 분들은 제가 사회복지 분야의 인맥이 많아 강의를 지속한다고 생각하지만 그렇지 않습니다. 사회복지사로 근무했던 시절 제가 알던 분들이 저에게 강의를 요청하는 경우는 손에 꼽을 정도로 적습니다. 오히려 저를 아는 분들이 초빙한 교육은 부담스러워

거절할 때가 있습니다.

세 번째, 홍보는 작은 것에서 출발해야 합니다. 처음부터 큰 비용을 들여 불특정 다수를 대상으로, 무작위로 홍보하는 것은 비용 대비 효과가 떨어집니다. 예를 들어 일간지에 광고를 게재한다거나, 업체에 비용을 들여 홍보하는 경우입니다. 또 SNS에 영상물 제작을 의뢰하는 경우도 있습니다. 이런 방법으로 홍보를 진행하는 분들이 꽤 많습니다. 그렇지만 비용을 지출한 만큼 교육 의뢰가 들어오는지 여쭤보면 답변하지 못합니다.

그런 점에서 홍보는 내가 할 수 있는 부분부터, 작은 것에서부터 출발하는 것이 필요합니다. 우선 가장 가까운 사람들에게 웰다잉 교육이란 무엇인지, 왜 나는 이 교육을 하는지 설득하는 것부터 출발합니다. 가까운 사람들이 알지 못하면 멀리 있는 사람들은 당연히 모릅니다. 가까운 곳부터 홍보를 시작하세요. 이후 점차 내가 홍보하고 싶은 이들에 대해 객관적인 분석, 소위 말하는 타겟팅 분석이 필요합니다. 식당으로 따지면 고객 수요분석, 상권분석과 같습니다. 예를 들어 어르신을 대상으로 교육을 진행하고 싶다면, 어르신을 대상으로 하는 교육 기관에 대한 조사가 필요합니다. 우선 자신이 거주하는 지역의 기관부터 확인합니다. 노인복지관, 종합사회복지관, 보건소, 동주민센터, 도서관, 문화센터, 종교시설의 시니어 대학, 경로당 등 어르신들이 많이 있는 곳을 살펴보아야 합니다. 그리고 관련 기관에 방문하여 강사 모집과 교육 제안 절차를 알아봅니다. 이런 과정이 어려우면 우편으로 교육 제안서를 발송하여 웰다잉 교육에 대해 소개하는 것도 좋습니다. 내가 거주하는 곳에서 점점 범위를 넓혀 거주하는 시도까지 넓히는 것이 필요합니다. 하지만 첫 단계는 내가 서 있는 곳에서 출발하는 것이 좋습니다.

웰다잉 교육 홍보에 이 세 단계는 가장 중요한 첫걸음입니다. 홍보는 좋은 강의 내용을 토대로, 인맥보다는 실력으로, 내가 서 있는 곳부터 출발해야 합니다. 물론 홍보한다고 해서 바로 씨앗이 움트거나 열매가 맺지는 않습니다. 그러나 언젠가는 분명 빛을 발합니다.

그러기 위해서 홍보는 꾸준히, 지속적으로, 오래 해야 합니다. 그래서 프리랜서 강사들은 홍보 활동을 씨앗을 뿌린다고 표현합니다. 기준보다 낮은 강사료로 섭외되더라도 장기적인 안목에서 교육을 알릴 기회라면 손해를 감수하고 교육을 진행합니다. 씨앗을 뿌리러 갑니다. 그곳에서 좋은 강의를 진행하면 분명 다음 해에는 열매가 맺힐 것입니다. 저 역시도 교육으로 바쁘지만, 웰다잉 교육에 대한 홍보를 매일 꾸준히 합니다. 물론 홍보는 당장 급한 일이 아닌 터라 우선순위에서 밀려날 때가 많습니다. 하지만 홍보할 때는 티가 나지 않아도 하지 않을 때는 금방 티가 납니다.

그러므로 꾸준히 씨앗을 뿌려야 합니다. "좋은 품질의 제품을, 인맥보다는 실력으로, 작은 곳에서부터 꾸준히 홍보하는 노력에서 출발합니다." 이것이 홍보의 비법입니다.

교육제안서를 작성하세요

교육 기관에 홍보하기 위해서는 교육제안서를 작성해야 합니다. 교육 담당자에게 구두로 교육을 제안할 수 있기는 하지만, 대부분의 담당자는 바쁘고 시간이 부족합니다. 설령 구두로 홍보하더라도 내용을 검토하고 상부에 보고할 수 있는 자료가 있어야 합니다. 그래서 교육제안서를 작성하는 것이 필요합니다. 이는 비단 웰다잉 강사뿐 아니라 대다수의 프리랜서 강사도 마찬가지입니다.

교육제안서는 말 그대로 자신의 교육을 홍보하는 제안서입니다. 물건 판매로 따지면 팸플릿 정도로 생각하시면 됩니다. 팸플릿은 회사와 제품을 소개하는 작은 홍보물입니다. 팸플릿은 제품의 필요성, 제품의 장점, 타 회사 제품과의 차이점, 제품 이용자들의 사용 후기가 담겨 있습니다. 교육제안서도 같습니다. 웰다잉 교육의 필요성, 본인이 진행하는 교육의 특징, 타 강사와의 차이점, 강사의 경력, 교육 수강생 후기, 교육 의뢰 시 연락처 등이 포함되어 있어야 합니다.

교육제안서는 길게 작성하지 않아도 됩니다. 오히려 긴 분량은 교육 담당자가 읽지 않을 가능성이 높습니다. 그래서 비즈니스 분야에서는 원 페이지 제안서를 추천하기도 합니다. 원 페이지 제안서는 인상적이지만, 현실적인 정보는 부족합니다. 적어도 2페이지에서 3페이지 정도로 작성하면 적당합니다. 그래서 교육 담당자를 만나거나 혹은 웰다잉 교육에 관심 있는 기관에 제공하여 웰다잉 교육을 제안할 수 있습니다.

우리 연구소에서 작성한 교육 제안서의 내용은 다음과 같습니다.

웰다잉을 통하여 웰빙을 완성합니다
○○○○ 노인복지관 웰다잉 교육 제안서

노인복지관에서의 웰다잉 교육 왜 필요할까요?

- 웰다잉은 곧 좋은 죽음, 존엄한 죽음을 의미합니다. 그러나 우리나라는 죽음에 대해 말하는 것을 꺼리고 재수 없어 합니다. 심지에 엘리베이터에 4층도 F로 바꿔놓았지요. 그러다 보니 좋은 죽음을 맞이하기 위해 무엇을 준비해야 하는지 이야기 나누고 배울 수 있는 곳을 찾아보기가 어렵습니다. 웰다잉 교육은 어르신들과 함께 죽음에 대해 함께 이야기 나누고, 행복한 죽음을 맞이하기 위해 필요한 과정들을 공부해 나갑니다. 더불어 죽음을 통하여 삶의 소중함을 돌이켜보고 과거의 삶을 긍정적으로 수용하며, 남은 생을 더욱 가치 있게 살 수 있도록 웰빙의 방향을 제시합니다.

왜 웰다잉 교육은 행복한 죽음 웰다잉 연구소 인가요?

- 생사학(生死學) 석사, 박사 과정을 수료하였으며 체계적이며 이론적 근거가 뒷받침되어 있습니다.
- 다년간의 노인복지현장 사회복지사 재직 경험으로 어르신에 대한 이해와 경험이 풍부합니다.
- 400여 개 사회복지시설 및 교육 기관의 프로그램 진행 경험으로 노하우가 축적되어 있습니다.
- 사회복지학, 생사학, 자살예방, 애도 상담, 미술 치료 등 다양한 교육 이수로 전문성을 보장합니다.
- Prezi 및 동영상 등 다양한 멀티미디어 교재를 활용하여 교육 몰입도와 효과성이 높습니다.

웰다잉 교육 과정은 어떻게 되나요?
- 웰다잉 특강: 행복한 삶, 행복한 마무리 웰다잉(60분~120분)
- 웰에이징 특강: 잘 물든 단풍은 봄꽃보다 아름답다(60분~120분)
- 지역주민 대상 생명존중특강: 사람은 살아온 모습 그대로 죽음을 맞이한다(60분~120분)
- 자원봉사자 특강: 자원봉사, 웰다잉으로 완성하기(60분~120분)
- 지역복지 특강: 마을, 죽음을 껴안다(60분~120분)
- 웰다잉 프로그램: 19회기, 회기별 60~90분, 회기별 협의 가능
- Youtube, Kakao TV, Vimeo, Zoom, 녹화 영상 및 실시간 온라인 교육 가능

회기	주제	세부내용	구분

- 준비물: 노트북, 빔프로젝터, 스피커, 유인물

- 강사료: 유료(협의)

- 강 사: 강원남 웰다잉플래너 / 행복한 죽음 웰다잉 연구소 소장

- 2007 ~ 2020 한림대학교 사회복지학 학사 졸업, 생사학 석사 졸업 및 박사 수료

- 2008 ~ 2014 ○○노인종합복지관 사회복지사 근무

- 2017 ~ 현재 서울·경기·강원·충북·부산 사회복지사협회 보수교육 강사

- 2020 석사 학위 논문「서울시 관내 노인복지관 이용 노인의 죽음준 비교육에 대한 효과」

- 2014 ~ 현재 전국 사회복지시설 및 유관기관 400개소 웰다잉 강의 진행

- 도서『누구나 죽음은 처음입니다』,『이야기 우리가 살아가는 힘』,『괜찮

아, 어차피 다 죽어』『생사학 워크북 1』, 『나, 브랜드 사회복지사』 저자

교육 소감문

- 웰다잉 교육은 어르신들이나, 혹은 죽음을 눈앞에 둔 분들만 받는 교육인 줄 알았는데, 오히려 젊은 직장인들이 반드시 들어야 할 교육이라는 생각이 들었습니다. 어떻게 하면 행복해질 수 있는지 깨닫게 되었습니다. **오○○/편집자, ○○출판사**

- 아직 살날이 창창한데 왜 죽음을 공부해야 할까? 하는 마음이었으나 교육을 통해서 나의 삶을 되돌아보고 어떻게 살아야 할지 고민해볼 수 있었습니다. 웰빙의 완성은 웰다잉이라는 말이 정말 와닿았습니다. 고맙습니다. **박○○/직장인, ○○전자 사회공헌팀**

- 죽음에 대해 별로 생각지 않았는데 이번 교육을 통하여 좀 더 의미있는 죽음을 생각하게 되었습니다. 참 유익한 시간이었습니다. 어떻게 살아야 하는지, 왜 살아야 하는지에 대해 알게 되었습니다. **박○○/○○대학교 재학생**

- 제게 죽음은 막연하기만 했는데 교육을 통해서 차분하고 깊이 생각하는 시간이 되었습니다. 잘 살다 가기로 하였습니다. 나누는 삶을 살고 싶습니다. **이○○/정년 퇴직, ○○○포어르신복지센터**

- 삶과 죽음에 대한 새로운 시각이 생겨 좋은 시간이었습니다. 삶에 지표가 생긴 것 같아 좋습니다. 죽음도 곧 나의 삶입니다. 많이 배웠습니다. 노인보다 젊은이들이 들어야 할 것 같습니다. **이○○/정년 퇴직, ○○노인종합복지관**

4장 웰다잉 교육, 어떻게 홍보해야 할까요?

교육 문의는 어떻게 해야 하나요?

- 전화: 010-XXXX-XXXX

- E-mail: planner@well-dying.kr

- 홈페이지: http://well-dying.kr

행복한 죽음을 알면 행복한 삶을 살 수 있습니다.

높은 전문성과 많은 경험을 가지고 있는

행복한 죽음 웰다잉 연구소가

어르신들의 행복한 삶과 마무리를 위하여

웰다잉 프로그램의 표준을 제시하겠습니다.

행복한 죽음 웰다잉 연구소

이와 같은 제안서를 작성하여 교육 기관에 전달합니다. 노인복지관, 종합사회복지관, 경로당, 평생교육기관, 도서관, 동주민센터, 노인대학 등 관련 기관에 제안서를 전달하여 교육을 제안하고 홍보합니다. 홈페이지와 SNS상에도 게시하여 언제든지 온라인에서도 교육제안서를 볼 수 있도록 안내하고 있습니다. 이메일과 우편으로 발송하는 것도 방법입니다.

웰다잉 강사로 활동하며 처음 시작했던 것이 교육제안서 작성이었습니다. 교육제안서를 들고 기관을 방문하거나 이메일, 우편을 통해 웰다잉 교육의 필요성에 대해 홍보하고 제안했습니다. 생명보험사 교육 담당자에게 10분간의 미팅을 허락받아 짧게 웰다 잉 강의를 진행한 적도 있었습니다. 서울·경기에 위치한 도서관 및 평생학습관에 우편으로 강의 제안서를 발송했습니다. 많은 우편 물이 반송되었고, 2년 만에 반송되어 다시 돌아온 제안서도 있었 습니다. 수십 번을 고치고 다시 작성하여 제안서를 보냈습니다.

지금도 교육제안서 작성과 발송 작업을 매년 하고 있습니다. 매 년 고정적으로 강의 요청도 들어오고 연구소의 인지도도 늘어났 지만, 교육제안서 작성은 웰다잉 교육 홍보에 빼놓을 수 없는 중요 한 업무입니다. 웰다잉 강사의 전문성과 진정성도 중요하지만, 필 요한 능력 중의 하나는 홍보 능력입니다. 좋은 교육을 진행하는 만 큼, 웰다잉 교육이 왜 필요한지 알리는 능력도 중요합니다. 많은 사람에게 웰다잉 교육을 알리고 전파할 수 있어야 합니다. 단순히 교육 제안을 넘어 웰다잉을 알리고 인식을 개선할 수 있는 홍보 활동으로 볼 수 있습니다.

중요하지만 참 어려운 과정이기도 합니다. 이렇게까지 해야 하나 싶기도 하고, 거절을 당하면 자존심도 상하고 상처받을 때도 있습니 다. 그러나 이와 같은 홍보 활동은 스스로 왜 웰다잉 강사를 하고자 하는지 정체성과 방향성을 세울 수 있는 계기가 되기도 합니다. 그 러니 거절을 두려워하거나 너무 신경 쓰지 말고, 몸도 마음도 지치 지 않으면서 동시에 꾸준히 오랫동안 할 수 있는 나만의 홍보 활동 을 구축하는 것이 좋습니다.

4장 웰다잉 교육, 어떻게 홍보해야 할까요?

나의 집 만들기, 홈페이지

온라인에서 웰다잉 교육을 홍보할 수 있는 가장 기본적인 방법은 홈페이지입니다. 온라인에는 다양한 서비스와 SNS들이 제공되고 있습니다. 가장 많이 사용하고 있는 서비스는 유튜브이며, 이외에도 블로그, 페이스북, 인스타그램, X(트위터), 쓰레드, 브런치 등이 있습니다. SNS는 이용자의 즉각적인 소통이 가능하다는 점에서 효과적입니다. 그렇지만 유행과 시류에 따라 쉽게 생기고 사라지기도 합니다. 따라서 SNS는 주 홍보 수단으로 사용하기보다 보조 수단으로 활용하는 것이 적절합니다. 기본으로 홈페이지를 사용하는 것을 추천합니다.

홈페이지라고 하면 딱딱한 감이 듭니다. 최근 유행과는 동떨어진 느낌이고, 기업이나 단체, 협회에서 주로 사용하는 것들이라 생각이 듭니다. 하지만 개인도 홈페이지를 개설할 수 있으며 특히 홈페이지는 강사를 PR할 수 있는 가장 공신력 있는 도구입니다. 사람들은 특정 단체나 인물에 관심이 있을 때는 검색으로 해당 홈페이지를 방문합니다.

홈페이지는 기관 소개, 인사말, 기관 미션과 비전, 종사자, 약도, 사업 현황, 공지 사항, 자유게시판, 자료실, 기관 소식 등으로 구성되어 있습니다. 기관 현황을 한눈에 볼 수 있도록 제작되었습니다.

마찬가지로 웰다잉 강사로 자신을 PR하고 싶다면 홈페이지 제작을 추천합니다. 저 역시도 행복한 죽음 웰다잉 연구소를 개소하고 첫 번째로 시작한 일이 홈페이지 제작이었습니다. 홈페이지를 제작하며 연구소의 정체성과 미션을 정리하였고, 앞으로 진행하고자 하는 사업을 구상할 수 있었습니다. 물론 홈페이지 제작에 처음부터 큰 비용을 투자할 수는 없었습니다. 여러 서비스를 비교한 끝에 티스토리라는 블로그 서비스를 홈페이지와 유사하게 꾸며 홈페이지로 활용하고 있습니다. 지금도 꾸준히 홈페이지를 유지 관리하고 있습니다. 홈페이지는 멋지고 화려하게 꾸미는 것도 좋지만, 교육 담당자에게 전달하고자 하는 내용을 핵심적으로 정리하여 보여주는 것이 우선입니다. 그래서 다음과 같은 취지를 세웠습니다.

첫째, 홈페이지 디자인에 집중하기보다 내용을 잘 다듬어 웰다잉 교육의 핵심 내용을 전달하는 데 중점을 두었습니다. 굳이 큰 비용을 들이지 않았습니다. 카카오에서 운영하는 티스토리로 홈페이지를 구축했습니다. 블로그는 홈페이지와 달리 HTML이나 전문 프로그램 언어를 몰라도 상관없습니다. 업체에서 제공하는 스킨이나 메뉴 등을 조절하여 누구나 손쉽게 만들 수 있습니다. 더욱 전문적인 홈페이지를 구축하고자 하는 분들은 업체를 통하여 제작하는 것이 좋지만, 그렇지 않다면 가볍게 시작하는 것을 추천합니다. 블로그 디자인도 어렵다면 블로그를 홈페이지처럼 제작해

주는 크몽과 같은 업체에 의뢰하는 것도 방법이 될 수 있습니다.

둘째, 만들어진 홈페이지를 더욱 적극적으로 활용하고자 하였습니다. 연구소 소개뿐 아니라 연구소의 최근 활동을 꾸준히 업데이트하였습니다. 교육 담당자가 제 프로필을 알고 싶을 때면 바로 확인할 수 있도록 홈페이지에 프로필을 게시해 놓았습니다. 행정 서류가 필요할 경우를 고려해 출력해서 볼 수 있도록 PDF 파일도 업로드했습니다. 교육을 다녀오면 활동 사진을 정리하여 홈페이지에 게시하였습니다. 교육 활동 사진을 10년 정도 업로드하다 보니 사진을 통해 교육 담당자들이 연구소를 신뢰하게 되었습니다. 한 교육 담당자에게 우리 연구소에 교육 의뢰를 한 이유를 물어보니 "홈페이지에 업로드된 사진이 오래전부터 꾸준히 게시되어 있는 모습을 보며 믿음이 갔다."라는 말을 해준 적이 있습니다. 이는 홈페이지를 꾸준히 관리했기에 가능한 일이었습니다. 또 중점을 둔 사항 중 하나는 홈페이지를 실용적으로 활용하는 것이었습니다. 연구소 홈페이지에 연구소 소개, 강사 소개와 더불어 교육 커리큘럼을 게시해 두었습니다. 또한 교육 일정을 구글 캘린더를 통해 게시하였습니다. 이를 통해 교육 담당자가 교육을 의뢰할 경우 일정을 더욱 원활하게 확인할 수 있었습니다. 구글 설문지를 활용하여 교육 신청서를 게시했습니다. 교육을 요청할 경우 유선전화나 이메일로 문의하는 번거로움을 줄이고자 홈페이지에서 신청할 수 있도록 시스템을 구축했습니다. 교육 담당자가 신청서를 작성하면 저의 스마트폰에 알림이 옵니다. 저는 교육 신청서를 확인하여 내용을 검토하고 교육 담당자에게 연락합니다. 절차의 번거로움을 줄이고 빠르게 조율할 수 있습니다.

이처럼 홈페이지를 효율적으로 사용하고자 노력하였습니다. 그렇지만 무료 서비스를 이용하다 보니 따로 비용이 들어가지 않았습니다. 다만 방문하기 쉬운 홈페이지 주소를 만들고자 welldying이라는 단어가 들어간 도메인을 구입하였고, 3년 기준 7만 7천 원 정도의 비용이 들었습니다. 웰다잉에 관심 있는 분들에게 정보를 드리고자 홈페이지에 웰다잉 관련 자료실을 만들어 웰다잉 관련 도서, 영화, 다큐멘터리 목록을 제공하고 있습니다. 웰다잉 도서는 제가 웰다잉 강사로 활동하며 읽은 책을 정리해 게시하였습니다. 영화와 다큐도 제가 시청한 작품들을 게시하였습니다. 이와 같은 리스트를 작성하여 도움이 필요한 분들께 제공하고 있습니다.

프리랜서 강사, 웰다잉 강사로 첫걸음을 내딛는 분들께 홈페이지 제작을 추천합니다. 단순히 외부에 보여지는 것뿐만이 아니라, 홈페이지를 제작하며 자신의 미션과 비전을 검토할 수 있고, 커리어를 점검할 수 있는 포트폴리오로 활용할 수 있습니다. 사람들에게 자신이 하는 일을 자세히 설명할 수 있습니다. SNS도 좋지만, 홈페이지는 조금 더 공신력 있는 도구가 될 수 있습니다. 물론 처음 제작할 때는 어렵고 부족하고 많은 시간이 필요합니다. 그러나 제작 이후에는 글을 올리고 홍보하며 유지, 보수하는 정도로 충분합니다. 실제로 집을 짓기는 힘들지만 한 번 짓고 나면 아늑하게 지낼 수 있는 것과 마찬가지입니다. 저의 강의 의뢰 유입 분석을 살펴보면 포털사이트 검색과 홈페이지를 통해 들어오는 경우가 많습니다. 홈페이지는 여전히 강의 홍보에 효과적입니다. 블로그, SNS와 같은 화제성, 즉시성은 떨어지지만 그래도 강사를 가장 잘 알려주는 전광판 같은 도구입니다. 그러므로 홈페이지 제작은 온라인 홍보에 첫걸음입니다. 반드시 필요합니다.

블로그 및 SNS를 활용하기

홈페이지가 온라인의 집이라면 블로그 및 SNS는 게시판이라 할 수 있습니다. 홈페이지를 방문하는 것이 집을 소개하는 것이라면, 블로그 및 SNS는 사람들에게 내가 하고 싶은 말을 전하는 것과 같습니다. 스마트폰의 보급으로 많은 사람이 블로그 및 SNS를 사용하고 있습니다. 이와 같은 서비스는 홈페이지의 단점을 보완해 줍니다. SNS의 특징은 휘발성과 즉시성이 강하다는 것입니다. 신속하게 새로운 정보를 전할 수 있고, 피드백을 알 수 있으며, 자기 PR을 할 수 있습니다.

저는 웰다잉 강사로 활동하기 전 사회복지사 시절부터 SNS를 사용했습니다. 2011년 페이스북을 개설했습니다. 당시 스마트폰의 보급으로 페이스북 가입자가 폭발적으로 늘어났고, 저도 페이스북을 개설하여 많은 사람과 친구를 맺고 네트워크를 형성했습니다. 2014년 행복한 죽음 웰다잉 연구소를 개소하면서 본격적으로 페이스북을 활용하기 시작했습니다. 자본금이 적은 연구소에서 할 수 있는 홍보는 강의 제안서 작성과 더불어 SNS 홍보가 유일했습니다. 비싼 돈을 들여 신문이나 언론매체에 홍보하기는 어려웠습니다.

그래서 비슷한 관심사를 갖고 있는 분들과 교육 담당자들에게 친구 신청을 하고 소통하며, 저의 웰다잉 교육을 홍보하기 시작했습니다. 삶과 죽음에 대한 생각들, 웰다잉 강의를 하면서 겪었던 에피소드, 새롭게 시작되는 강의 기관들, 소소한 일상에 관한 글과 사진들을 게시하였고, 많은 분과 교류하였습니다. 전단지와 같이 생각을 해보면 쉽습니다. 페이스북에 글을 올리는 일은 전단지 배포와 같습니다. 물론 모두가 전단지를 읽는 것은 아닙니다. 대부분은 읽지 않을 것이고, 누군가는 버릴 것입니다.

그러나 단 한 명이라도 전단지를 읽고 물건을 구매한다면, 강사로서는 이득입니다. SNS는 큰 비용을 들이지 않고 홍보를 할 수 있는 것이 큰 장점이었습니다. 실제로 페이스북을 통해 교육 의뢰가 들어오는 경우가 꽤 있었습니다. 그리고 '웰다잉' 하면 '강원남'을 떠올리는 분들도 있었습니다.

이처럼 SNS를 꾸준히 활용하는 것은 교육 홍보에 효과적입니다. 페이스북의 주 이용자는 40대 이상의 중장년층입니다. 젊은 세대는 페이스북을 잘 이용하지 않습니다. 신규 이용자의 진입이 정체된 상황입니다. 젊은 세대는 인스타그램이나 틱톡, 유튜브의 이용률이 높습니다. 그럼에도 현재 교육 기관의 관리자들이 중년 이상임을 생각한다면 이분들을 대상으로 꾸준히 페이스북에 홍보하는 것이 필요합니다. SNS에서 친구 관계를 맺는 것도 무작위로 맺는 것보다 관련 기관에 종사하는 분들을 신청하는 것이 좋습니다.

SNS에 글을 작성할 경우에는 웰다잉 관련 내용과 일상의 이야기를 8대2 비율로 작성합니다. 업무적인 내용만 작성하면 사무적이고, 개인적인 내용만 작성하면 공신력이 없습니다. 비율을 적당히 조정하여 관련 글을 작성하는 것이 필요합니다. 이와 같은 게시글은 웰다잉 교육 홍보뿐 아니라 사람들에게 웰다잉에 관한 정보를 알리는 역할도 합니다. 저의 페이스북 게시글을 통해 웰다잉을 알게 되었다는 분들도 많이 있었습니다. 따라서 페이스북은 강의 홍보와 더불어 웰다잉 인식 개선을 위한 좋은 매체가 될 수 있습니다.

그러나 페이스북은 해외에서 서비스되는 SNS라 처음 이용한다면 낯설고 어려울 수 있습니다. 복잡합니다. 또 인간적인 관계를 맺어야 하는 부분이 부담스러운 분도 있습니다. 매일 매시간 올라오는 소식과 콘텐츠가 부담스럽고 피로한 분들도 있습니다. 그럴 경우는 오히려 블로그를 활용하는 것이 더 적합합니다.

카카오에서 제공하는 티스토리, 브런치, 구글 등 다양한 블로그 서비스가 있지만, 우리나라에서 대중적으로 가장 많이 이용하는 블로그는 네이버 블로그입니다. 네이버는 우리나라 사람이라면 누구나 이용하는 검색 엔진입니다. 사람들은 궁금한 것이 생기면 가장 먼저 네이버에 검색합니다. 이를테면 교육 담당자들은 웰다잉 강사를 섭외하기 위해서 '웰다잉 강사' 혹은 '웰다잉 교육'이라고 검색합니다. 이에 노출이 많이 되는 강사와 교육 기관에 교육 의뢰를 할 확률이 높습니다. 따라서 네이버 블로그에 글을 작성하면 네이버 검색 결과에 노출될 확률이 있습니다.

물론 네이버 검색 결과에 글이 노출되기 위해서는 알고리즘에 적합한 공신력 있는 글을 작성해야 합니다. 네이버 블로그 포스팅에 관한 글 작성법 교육을 따로 받는 것이 좋습니다. 그렇지만 네이버 블로그에 자신이 관심 있는 내용을 꾸준히 작성하는 것은 교육을 홍보하는 좋은 방법입니다. 웰다잉 강의 활동, 웰다잉 관련 도서 서평, 영화 소감문, 시사 정보 등에 관한 글을 지속적으로 작성하면, 웰다잉과 관련하여 검색될 확률이 높습니다. 네이버 블로그는 홈페이지와 더불어 처음 웰다잉 강사로 활동하는 분들께 홍보를 위한 수단으로 추천합니다.

그럼에도 저는 네이버 블로그를 잘 활용하지 못하고 있습니다. 홈페이지와 페이스북 관리는 꾸준히 하고 있지만, 네이버 블로그를 해야 할 필요성을 느낌에도 충분한 시간을 투자하지 못합니다. 때문에 네이버에서 '웰다잉 강사'를 검색하면 상단에 노출되지 않고 있습니다. 홈페이지와 페이스북 관리에도 많은 시간이 소요되어, 네이버 블로그까지 관리하기에는 다소 어려움이 있습니다. 그러나 웰다잉 강사로 활동하는 많은 분이 네이버 블로그를 통하여 강의 홍보를 진행하고 있습니다.

이 외에도 다양한 SNS가 활용됩니다. 젊은 세대는 페이스북보다는 인스타그램 사용률이 높습니다. 페이스북이 이미지와 텍스트 중심인 반면, 인스타그램은 사진과 해시태그 중심으로 운영이 됩니다. 저도 젊은 교육 담당자를 대상으로 웰다잉 교육을 홍보하고자 인스타그램을 사용하고 있지만 운영에 어려움을 겪고 있습니다. 인스타그램은 이용자의 호불호가 강한 편입니다.

또한 유튜브 역시 강의 홍보에 빼놓을 수 없는 중요한 수단으로 자리 잡았습니다. 실제로 많은 분이 유튜브에서 웰다잉과 관련된 영상 콘텐츠를 제작하고 있습니다. 저도 코로나 시기에 유튜브 채널을 오픈하고 영상을 제작했지만, 영상 제작은 쉬운 일이 아니었습니다. 많은 연습과 노력, 투자가 필요하고, 시청자의 관심과 니즈를 정확히 파악해야 가능한 일입니다. 일 년 정도를 운영했지만, 투자했던 시간과 노력만큼 조회수나 구독자가 쉽게 모이지 않았습니다. 고민 끝에 저는 유튜브 운영을 과감하게 포기했습니다. 그리고 제가 잘할 수 있는 방법들로 홍보 활동을 진행하고 있습니다.

블로그 및 SNS 활용은 쉽지 않습니다. 하지만 블로그 및 SNS를 활용하여 교육 홍보와 함께 웰다잉 정보 전달 및 인식 개선을 도모할 수 있습니다. 점차 빠르게 변화하고 있는 시대에, 이와 같은 서비스는 앞으로도 중요한 홍보 수단이 될 것입니다.

책, 또 다른 나의 명함

고등학교 때부터 글쓰기를 즐겨 했습니다. 자주 습작을 했고 공모전에 도전하기도 했습니다. 신문과 잡지에 글이 실린 적이 있었고 문학 공모전에서 대상을 받기도 했습니다. 그럼에도 책을 쓴다는 건 엄두가 나지 않았습니다.

쪽글을 쓰는 것과 책을 쓰는 건 전혀 다른 일입니다. 책을 쓴다는 건 글을 잘 쓰는 작가들의 일이라 생각했습니다. 버킷리스트 중에 하나로 '내 이름으로 된 책 출판하기'를 염두에 두었지만, 노인이 되어 인생을 돌아보며 도전할 일이라 생각했습니다. 그랬던 제가 지금도 책을 쓰고 있습니다. 2018년부터 지금까지 『누구나 죽음은 처음입니다 』, 『괜찮아 어차피 다 죽어』, 두 권의 개인 저서를 집필했고 『이야기, 우리가 살아가는 힘』, 『생사학 워크북 1』, 『나 브랜드 사회복지사』, 세 권의 공동 저서를 집필했습니다. 어느새 다섯 권의 책을 쓴 저자가 되었습니다. 부끄럽지만 저에게 작가라는 호칭을 붙이기도 합니다. 그렇게 책을 쓰는 사람이 되었습니다.

웰다잉 강의를 오랫동안 하면서 책을 써야겠다 다짐했던 건 하고 싶은 말이 넘쳐났기 때문입니다. 그동안 공부했던 것들이 머리를 채웠고, 수업을 하면서 느꼈던 것들이 마음을 채웠습니다. 가득 찬 내용을 정리해야겠다는 생각이 들었습니다. 그동안의 지식과 경험을 한 번 정도 매듭지어야 할 것 같았습니다.

그래서 페이스북에 조금씩 글을 쓰기 시작했습니다. 처음부터 상업 출판을 목표로 하지는 않았습니다. 페이스북에 글을 올리던 중 메세지를 받았습니다. 평소 제가 올리는 글을 관심 있게 지켜보았고, 웰다잉과 관련된 이야기를 조금 더 나눠보고 싶다고 했습니다. 이후 미팅을 통해 책을 출판하기로 계약하게 되었습니다. 마음속에만 품고 있던 꿈이 현실로 이루어졌습니다. '나 같은 사람이 책을 내도 되는 건가?'라는 조심스러운 마음이 있었지만, 그래도 용기 내 도전해 보자 생각했습니다. 먹고 살기도 바쁜데 죽음을 주제로 한 책이 사람들에게 과연 팔릴지 우려도 있었지만, 그래도 제가 쓴 책을 통해 단 몇 명이라도 웰다잉에 대해 관심을 갖게 된다면 그것으로 충분하지 않을까 생각했습니다.

시중에는 웰다잉과 관련된 다양한 이론서들이 출간되어 있었습니다. 나의 책은 어떤 차이점이 있어야 할까. 웰다잉 강의를 시작하게 된 계기와 내가 생각하는 웰다잉, 그동안 공부한 내용을 가볍게 정리해 보자 생각했습니다. 전문 서적보다 가볍게 읽을 수 있는 책을 쓰고자 했습니다.

책이 출간되자 우려와 달리 많은 분이 관심을 가져주셨습니다. '책을 통해 웰다잉에 대해 자세히 알게 되었다', '죽음을 통해 삶을 어떻게 살아야 할지 고민해 볼 수 있었다', '웰다잉에 관해 가장 균형 있는 내용을 담은 책이다'라는 소감을 전해주기도 하셨습니다. 책과 함께 강연 문의도 점점 늘어났습니다. 책을 통해 많은 분을 만났고, 그분들과 함께 삶과 죽음에 대한 이야기를 나눌 수 있었습니다. 책을 통하여 강원남이라는 사람과 웰다잉에 대해 보다 더 자연스럽게 홍보할 수 있는 계기가 되었습니다. 책이 곧 명함이 되었습니다.

 기회가 닿는다면 책을 써보시라고 권유합니다. 물론 책을 쓴다는 건 쉽지 않은 일입니다. 그러나 책을 쓰는 만큼 배울 수 있습니다. 자신의 삶을 되돌아보고, 앞으로의 삶을 계획할 수 있는 계기가 됩니다. 삶의 전환점이 됩니다. 물론 책을 한 권 쓴다고 삶이 극적으로 변화하지 않습니다. 인세로 부자가 되거나, 유명한 베스트셀러 작가가 된다는 건 아주 소수의 일입니다. 그러나 내가 하는 일에 가장 큰 명함이 될 수 있습니다. 자격증, 그리고 경력, 학력 못지않은 삶의 중요한 이력이 됩니다.
 그러기 위해서는 웰다잉 강사로 활동하면서 겪은 일들, 공부한 것들, 생각한 것들을 평소 글로 기록하는 습관을 들여야 합니다. 강사는 말하는 만큼 써야 합니다. 쓰는 만큼 다시 또 말할 수 있습니다. 가능하면 활동한 내용을 꾸준히 적어보세요.
 노인복지관에 근무할 때는 매일 업무 일지를 작성했습니다. 오늘 진행한 업무와 미팅, 중요한 보고 사항은 무엇인지 기록했습니다. 마찬가지로 웰다잉 교육을 진행하며 겪었던 내용을 기록하는 것이 중요합니다. 교육 장소와 대상, 내용은 어땠는지, 교육생의 소감과 에피소드는 무엇이 있었는지, 그리고 교육을 진행하는 나의 마음은 어땠는지를 기록하면 좋습니다. 자필로 일기장에 적어두는 것도 좋지만 가능하면 온라인 플랫폼을 활용하여 대외적으로 기록하는 것이 좋습니다. 물론 개인정보를 유출하거나, 비밀보장의 원칙을 벗어나서는 안 됩니다. 그러나 이와 같은 글이 자연스럽게 강의 홍보로 이어집니다. 글이 계속 쌓이면 따로 원고를 작성할 필요가 없습니다. 기록을 잘 정리하여 다듬고 편집하면 그 내용으로 충분히 책이 될 수 있습니다. 책은 다시 나를 홍보해 주는 도구가 됩니다. 활동 → 기록 → 출판 → 홍보 → 활동으로 다시 이어집니다.

출판에는 자비 출판과 상업 출판이 있습니다. 자비 출판은 스스로 비용을 충당하여 책을 출판하는 방식이고, 상업 출판은 출판사의 제안으로 책을 출판하는 방식을 말합니다. 그러나 자비 출판을 의뢰하기에는 비용이 부담스럽고, 상업 출판을 하기에는 출판사와의 계약이 쉽지 않습니다. 또 종이책 출간은 많은 비용이 듭니다. 최근에는 온라인에서 큰 비용 없이 출판할 수 있는 POD(Publish on Demand), 즉 주문형 출판 서비스가 늘어나고 있습니다. 대표적인 서비스 플랫폼으로는 부크크와 교보문고 등이 있습니다. 이와 같은 서비스는 많은 비용 없이 자신이 쓴 원고를 정리하여 종이책 혹은 E-Book으로 출판할 수 있습니다. 주문형 출판 방식으로 책을 쓴 저자들이 주위에 점점 늘어나고 있습니다. 웰다잉 강사로 활동하며 나란 사람과 웰다잉 교육을 알리고 싶다면,

나의 이름으로 된 책을 출간하는 걸 추천합니다. 책을 쓴 만큼, 책의 이름에 걸맞은 삶을 살기 위해 노력하는 스스로를 발견할 것입니다.

함께 가는 힘

웰다잉 강사로 활동하면서 외로움을 느꼈습니다. 서른네 살의 젊은 나이에 웰다잉 강사로 첫발을 내디뎠습니다. 어르신들과의 첫 만남, 수업에 들어가면 깜짝 놀라는 어르신들의 속마음이 들렸습니다. '저 어린 녀석이 얼마나 살아봤다고 죽는 이야기를 해?' 속마음이 헤아려지는 건 실제로 그런 이야기를 들어봤기 때문입니다.

웰다잉 강사들 사이에서도 쉽게 교류하지 못했습니다. 활동하는 강사들의 연배가 대부분 중장년 이상이었고, 은퇴한 공무원이나 기업가, 목회자분들이 많으셨습니다. 저는 그저 웰다잉에 관심 많은 어린 사회복지사였습니다. 사회복지사들은 저를 '죽는' 이야기만 하는 웰다잉 강사로 바라봤습니다. 여기에도 끼지 못하고 저기에도 끼지 못하는 외톨이가 되었습니다. 찾아가서 배울 멘토와 선배님도 찾기 어려웠습니다. 강의하며 겪은 시행착오를 어떻게 바로잡을 수 있을지 여쭤볼 분들을 찾지 못했습니다. 그저 맨몸으로 부딪치고 넘어지고 다시 시작하는 수밖에 없었습니다.

그렇게 몇 년을 혼자 활동하면서, 함께 하는 이들을 만나고 싶었습니다. 그리고 용기 내어 그분들을 찾아 나섰습니다. 호스피스에서 사별 가족을 모시고 애도 수업을 진행하시는 수녀님, 초등학교에서 동화책으로 아이들에게 죽음에 대해 말해주시는 선생님, 고독사로 돌아가신 분들의 유품을 정리해 주시는 유품정리사, 고독사로 쓸쓸히 돌아가신 분의 장례를 치러주시는 시민 활동가, 지역 사회의 고독사를 막기 위해 노력하는 사회복지사, 호스피스 병원에서 환자들이 편안하게 눈을 감을 수 있도록 도와주시는 의사, 장애인 복지관에서 발달장애인들의 죽음 준비와 사별, 애도에 관한 수업을 진행하는 전문가 등등 각자의 현장에서 죽음을 마주하는 분들을 찾아뵙기 시작했습니다. 그분들의 이야기를 듣고 저 역시도 힘을 낼 수 있었습니다. 위로와 격려를 해주셨습니다. 저뿐 아니라 각자의 현장에서 웰다잉, 좋은 죽음을 맞을 수 있도록 돕는 분들이 있다는 것만으로도 힘이 되었습니다.

또 웰다잉에 관심이 많은 시민도 만날 수 있었습니다. 이분들이 함께 모이는 것만으로도 큰 힘이 되지 않을까 생각이 들었습니다. 하지만 쉽지 않았습니다. 시간과 공간, 그리고 예산이 필요했습니다. 실제로 영국에서는 Death Cafe가 운영되고 있습니다. 한 달에 한 번씩 모여 죽음에 관한 이야기를 나누는 오프라인 모임입니다.

우리나라에도 Death Cafe가 운영되고 있습니다. 하지만 시간과 공간에 구애받지 않고 보다 편안한 방법으로 오래, 자주 만날 수 있는 방법은 없을까 고민했습니다. 이 목표를 가지고 여러 시행착오 끝에 온라인 웰다잉 모임을 오픈하였습니다.

초창기에는 네이버 카페를 운영하였으나 폐쇄적인 구조로 회원 가입이 저조하였고, 글을 작성하고 댓글을 다는 번거로움 때문인지 이용률도 높지 않았습니다. 조금 편리한 네이버 밴드를 사용할지 고민도 해보았지만, 밴드 역시 이용자들에게 번거로운 건 마찬가지였습니다. 이와 같은 번거로움을 해결하고자 카카오톡에 채팅방을 개설하였습니다. 채팅방의 이름은 'Death 톡톡'으로 지었습니다. '하루에 한 번 삶과 죽음에 대해 이야기 나누는 카톡방'이라는 제목으로 온라인 공간을 오픈하였습니다.

공간이 생기자 관련된 많은 분이 함께 해주셨습니다. 카카오톡으로 진행하니 따로 SNS를 방문해야 하는 번거로움이 없어졌고, 수시로 글과 메시지를 확인할 수 있었습니다. 채팅방 알림이 번거로운 분들은 알림을 꺼놓을 수 있게끔 안내를 드렸습니다. 자신이 겪은 죽음, 자신이 생각하는 웰다잉, 죽음에 관해 공부하는 내용들, 관련된 정보들을 함께 이야기 나누고 공유하기 시작했습니다. 임종을 앞둔 부모님을 어떻게 모셔야 할지 관련된 고민을 토론하고 정보를 공유하기도 했습니다. 그렇게 한 분 한 분이 모여 어느새 300명을 넘었습니다. 이분들과 함께하는 것만으로도 저에게는 큰 힘이 되었습니다. 응원과 격려가 되었습니다. 웰다잉 교육과 프로젝트를 진행할 때는 함께 홍보도 해주시고 참여해 주십니다. 늘 든든함과 감사함을 느낍니다.

4장 웰다잉 교육, 어떻게 홍보해야 할까요?

이 외에도 다양한 웰다잉 관련 모임에 참석하여 힘을 얻습니다. 웰다잉과 관련된 교육, 세미나와 모임이 있으면 참석하기 위해 노력합니다. 모임에 참석하여 각자의 현장에서 자신만의 방식으로 웰다잉을 돕기 위해 노력하는 분들을 보며 많은 것을 배웁니다. 또 스스로를 되돌아보기도 합니다. 모임뿐 아니라 그분들이 쓰신 책과 다큐멘터리를 보고 찾아가 만나 뵙기도 합니다. 공부하는 곳에서도 많은 격려를 받습니다. 공부와는 거리가 멀었던 저에게 대학원이라는 곳은 높은 산이었습니다. 그렇지만 용기를 내어 도전했습니다. 대학원에서 마음껏 죽음에 대해 이야기 나눌 수 있다는 것만으로 큰 힘이 되었습니다. 웰다잉과 죽음이라는 주제를 함께 이야기 나누고 공부하는 분들이 계셔서 기뻤습니다. 대학원은 저에게 배움과 채움의 공간이었습니다.

죽음은 어렵고 무거운 주제입니다. 그래서 사람들은 죽음에 관한 이야기를 꺼내기 어려워합니다. 그럼에도 불구하고 누구나 반드시 겪게 되는 일입니다. 사랑하는 사람을 떠나보냅니다. 이별의 과정이 아프고 힘듭니다. 상처가 됩니다. 사별의 슬픔으로 힘겨워합니다. 삶이 힘겨워 자살을 시도합니다. 가까운 이가 고독사로 사망한 채 발견됩니다. 이런 일을 겪은 분들이 우리 주변에는 많지만, 이야기하기 쉽지 않습니다. 몰래 울고 각자 눈물을 닦습니다. 그러나 이분들이 함께 모이면 사별의 슬픔을 겪는 사람이 나만이 아니구나! 안심하게 됩니다. 함께하는 것만으로 위로가 됩니다. 손을 잡고 얼굴을 마주하며 함께 이겨내 보자 용기를 냅니다. 각자의 자리에서 삶을 살아내고 있는 마음이 느껴집니다. 그래서 덜 외롭습니다. 힘이 됩니다. 저의 웰다잉 교육을 들었던 분들은 저를 대신해 저의 수업을 홍보해 주시기도 합니다. 살면서 꼭 한 번쯤 들어야 한다고, 죽는 이야기가 아니라 삶의 이야기라고, 그러니 꼭 들었으면 좋겠다고, 친구들과 주위 사람들에게 소개합니다.

웰다잉 강사가 되고 싶다면 같은 길을 걷고 있는 이들과 함께하세요. 지치고 힘들 때, 어려울 때 함께 하는 이들이 있다는 것만으로도 힘이 됩니다. 함께할 수 있는 자신만의 방법을 찾아보세요. 여러분을 응원해 주실 겁니다.

5장

웰다잉 교육,
어떻게 나아가야 할까요?

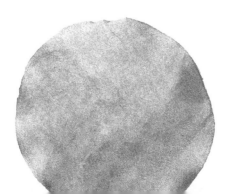

브랜드 전략, 어떻게 세워야 할까요?

매년 수백 명의 웰다잉 강사가 배출됩니다. 많은 분이 웰다잉 강사로 활동하고 있습니다. 문득 '수많은 웰다잉 강사 중에 교육 기관에서 나를 선택해야 하는 이유는 무엇일까? 다른 웰다잉 강사들과 나의 차이점은 무엇일까? 행복한 죽음 웰다잉 연구소에서 진행하는 웰다잉 교육은 어떤 차별성이 있을까?'라는 고민이 생겼습니다. 자연스럽게 브랜드를 생각하게 됐습니다.

브랜드라고 하면 영리기업이나 제품에 국한되어 생각할 수 있습니다. 탄산음료 하면 코카콜라, 운동화 하면 나이키, 가전제품 하면 LG, 메신저 하면 카카오톡 등 우리가 쉽게 떠올리는 대표적인 브랜드가 있습니다. 강원남이라는 웰다잉 강사와 행복한 죽음 웰다잉 연구소를 홍보하기 위해선 브랜드가 필요했습니다.

브랜드를 만들기 위해선 저에 대한 분석이 우선되어야 했습니다. SWOT 분석으로 스스로를 살펴보았습니다. SWOT 분석은 기업이나 프로젝트의 강점(Strength), 약점(Weakness), 기회(Opportunity), 위기(Threat)를 분석하는 기법입니다. 내부 환경과 외부 환경 요소를 분석하고 이를 통하여 앞으로 나아갈 방향을 모색할 수 있습니다. SWOT 기법을 통해 분석한 '저'는 아래와 같았습니다.

Strength(강점)	Weakness(약점)
- 젊다. 웰다잉 강사의 평균 연령을 보았을 때 상대적으로 젊은 편이다. - 사회복지를 전공했고, 사회복지사로 활동 중이다. 노인복지관에 근무한 경력이 있어 노인에 대한 친화력이 높다. 교육과 프로그램 진행 경험이 많다. - 컴퓨터활용능력이 높다. 한글, Prezi, 동영상, 파워포인트, 포토샵 및 다양한 프로그램 활용능력이 상대적으로 높다. - 생사학에 대한 전문성이 높다. 2005년 대학생 학부 시절부터 현재까지 20여 년간 생사학을 공부했으며, 생사학 석사를 졸업했고, 박사 과정을 수료했다. - 10년간 400여 곳에서 웰다잉 교육을 진행한 경험과 노하우가 있다. - 글쓰기 훈련이 되어 있다. 웰다잉과 관련된 책을 집필했다. - 정보를 수집하고 분석하며 가공, 전달하는 것에 관심이 많다. - 목표한 것을 꾸준히 실천하는 능력이 있다. - 1인 기업이므로 탄력적, 효율적 운영이 가능하며 업무 결정과 진행 속도가 신속하다.	- 젊다. 노인을 대상으로 한 웰다잉 교육에서 나이가 약점이 될 수 있다. 원숙함이 덜하다. - 체력이 약하다. 일이 많아질 경우 쉽게있다. 소진된다. 감정 기복이 있다. - 조직이 없다. 협회나 단체에 소속되지 않고 프리랜서로 활동하기 때문에 정부 및 지역자치단체 사업, 공모사업 지원이 어렵다. 조직적 대응이 어렵다. - 오프라인 공간이 없다. 사무를 볼 수 있는 사무실이나 교육을 진행할 수 있는 교육장이 없다.

Opportunity(기회)	Threat(위협)
- 고령인구 증가 및 고령사회로의 전환이 이루어지고 있다.	- 웰다잉 강사 양성 기관이 점차 늘어나고 있다. - 매년 많은 수의 웰다잉 강사가 배출되고 있다.

- 웰다잉에 대한 국민적 관심도가
  높아지고 있다.
- 지역자치단체마다 웰다잉 관련
  조례 등이 제정되고 있다.
- 웰다잉 교육 시장이 점차 늘어
  나고 있다.
- 시니어 비즈니스 사업 분야가
  점점 넓어지고 있다.

'행복한 죽음 웰다잉 연구소' 브랜드 SWOT 분석

이와 같은 분석을 통하여 저를 살펴볼 수 있었습니다. 제가 가진 강점, 약점, 위협, 기회를 객관적으로 분석하고, 강점에 집중하여 브랜드 전략을 세웠습니다. 물론 약점과 위협도 보완해야 합니다. 그러나 약점을 보완하는 일에만 집중하기보다 강점을 살려 스스로 차별화하고 브랜드를 만드는 것을 목표로 하였습니다.

웰다잉 강사로 활동하면서 무엇보다 제가 근무했던 사회복지 현장에서 인지도를 높이고 싶었습니다. 처음 강사 활동을 시작했을 무렵, 사회복지 기관의 웰다잉 교육에 대한 인식은 낮은 편이었습니다. 좋은 교육이고 필요한 교육이라는 점에 대해서는 공감했지만, 복지관에서 어르신을 대상으로 진행하기에는 어려운 교육이라는 인식이 있었습니다. 이와 같은 인식을 바꾸고 싶었습니다. 들으면 좋은 교육으로 인식하기보다 비용을 지불하고도 기꺼이 들을 만한 교육이 되기를 바랐습니다.

제가 진행하는 웰다잉 교육은 이와 같은 목표를 갖고 있습니다.

1인 연구소지만 '행복한 죽음 웰다잉 연구소'라는 이름을 내걸었고, 제가 하고자 하는 일의 정체성이 담긴 '웰다잉 플래너'라는 직업도 만들었습니다. 웰다잉 플래너의 정체성을 이미지로 표현하고자 상여에 달려 있는 '꼭두'를 연구소 로고로 사용하였습니다. '꼭두' 이미지를 차용하여 기관 홈페이지와 명함을 제작하였습니다. '웰다잉을 통하여 웰빙을 완성합니다'라는 연구소의 미션도 완성했습니다.

이처럼 통일성을 갖고 브랜드를 만들기 위해 노력했습니다. 물론 남들의 눈에는 별것 아닌 사소한 겉치레로 보일 수 있습니다. 하지만 이와 같은 사명과 브랜드를 교육 담당자들에게 반복적으로 알리고 노출하고자 노력했습니다. 그래서 웰다잉 하면 '행복한 죽음 웰다잉 연구소'가 떠오를 수 있도록 연구소의 정체성 확립을 위해 노력했습니다.

1인 기업과 프리랜서는 어떤 차이가 있을까요? 혼자서 일하는 건 똑같은데 왜 프리랜서라 하지 않고 1인 기업이라 할까요. 프리랜서는 의뢰가 들어오는 일을 기다리지만, 1인 기업은 스스로 시장을 개척하고 브랜드를 만들어 나갑니다. 그래서 저는 프리랜서 웰다잉 강사로 활동하고 있지만, 1인 기업을 지향합니다. 교육 시장에 웰다잉이라는 브랜드를 알리기 위해 노력하고 있고, 또 뜻이 맞는 강사들이 있다면 1인 기업이 아닌 전문가들이 함께하는 교육 기업을 만들 꿈도 가지고 있습니다. 그러기 위해 지금도 꾸준히 웰

5장 웰다잉 교육, 어떻게 나아가야 할까요?

다잉 교육 브랜드를 만들고자 노력하고 있습니다.

웰다잉 강사로 활동하고 있거나, 웰다잉 강사를 꿈꾸는 분들에게 묻고 싶습니다. 여러분의 브랜드를 만든다면 어떤 브랜드를 만들고 싶으신가요? 다른 웰다잉 강사들과 여러분의 공통점, 그리고 차별점은 무엇인가요? 어떠한 교육 지향점을 갖고 계신가요? SWOT 분석을 한다면 자신에게는 어떤 강점이 있을까요? 여러분의 브랜드를 걸고 웰다잉 교육을 진행하는 강사가 될 수 있기를 기대합니다.

찾아가는 강의에서 찾아오는 강의로

지난 10년간 진행한 교육을 살펴보면 교육 기관의 요청으로 주로 찾아가는 교육을 진행했습니다. 물론 불러주는 기관이 많으면 감사하지만 그렇지 않을 때도 있습니다. 연중 강의 일정을 분석해 보면 1월부터 3월까지는 소위 말하는 비수기입니다. 연초에는 비영리기관들이 지방자치단체에 예산을 신청하거나 사업계획을 수립하는 기간입니다. 그래서 이때는 특별한 경우를 제외하고는 따로 교육을 진행하지 않습니다. 프리랜서 강사들 사이에서는 이때를 '보릿고개'라고도 합니다. 강의가 없다 보니 수입도 없습니다.

본격적인 수업은 4월부터 진행됩니다. 보통 7월까지 수업이 진행됩니다. 8월은 여름 휴가 기간이고 노인대학 방학이 있어 수업을 진행하지 않는 곳도 있습니다. 9월에는 하반기 교육 일정이 시작됩니다. 이때부터는 수업 요청이 몰리기 시작합니다. 교육 기관에서는 올해 계획했던 수업을 마무리해야 합니다. 하루에 한 곳, 많게는 세 곳의 수업을 매일 진행합니다. 그러나 많은 수업 요청이 들어와도 몸이 하나인 터라 모든 교육을 진행할 수 없습니다. 10월부터 12월까지는 일 년 중에 가장 바쁜 시기를 보냅니다. 선택적으로 교육을 진행할 수 있지만, 수입이 없는 이듬해 초를 대비하여 의뢰가 들어온 교육은 무리해서 진행하는 경우가 많습니다. 대부분의 프리랜서 강사가 이와 같은 패턴을 가지고 있습니다. 프리랜서 강사의 한 해는 상당 부분 교육 기관의 일정에 맞춰집니다.

대다수의 교육을 교육 기관에 방문하여 진행하다 보니 항상 긴장의 연속이었습니다. 지난 10년을 돌아보면 단 한 번의 수업도 쉬운 적이 없었습니다. 물론 교육에 참여하는 어르신들의 태도가 적극적이며 친근한 곳이 있습니다. 수업 후기도 좋습니다. 교육 담당자와도 좋은 관계를 유지합니다. 웰다잉 교육의 취지와 목적이 잘 달성됩니다. 강사로서 보람을 느낍니다.

반면 그렇지 않은 곳도 있습니다. 웰다잉 교육에 대한 사전 이해 없이 참여한 어르신들이 있습니다. 죽음이라는 단어에 놀라 강의실을 나갑니다. 교육에 참여하는 어르신들의 태도도 비협조적이며 무관심합니다. 수업 후기도 좋지 않습니다. 교육 담당자도 교육에 무관심합니다. 웰다잉 교육을 했다는 결과보고서와 사진이 필요하기 때문에 수업의 퀄리티가 중요하지 않습니다. 물론 그런 곳일 때도 주어진 시간에 최선을 다하고자 노력하지만, 항상 좋은 결과를 가져올 수는 없습니다.

이처럼 외부에서 요청하는 교육에 의존하다 보니 자주 불안했습니다. 일이 많으면 많아서 지쳤고, 일이 없으면 없어서 불안했습니다. 일이 많으면 많은 대로 기뻐야 하고, 일이 없으면 없는 대로 자유로워야 했는데 현실은 그렇지 않았습니다. 교육을 진행하는 곳이 어떤 곳이며, 교육에 참여하는 분들은 어떤 분들인지 파악하기 어려웠습니다. 매번 새로운 곳에서 새로운 사람을 만나 교육을 진행하다 보니 자주 긴장했습니다.

그래서 마음 한구석에 우리 연구소에서 운영하는 자체 강의실이 있으면 좋겠다는 생각이 들었습니다. 찾아가는 교육도 좋지만, 독립적인 공간에서 보다 안정적으로 웰다잉 교육을 진행하고 싶습니다. 웰다잉 교육에 관심 있는 분들, 꼭 배우고 싶은 분들을 모시고 더욱 깊이 있는 교육을 진행하는 것이 꿈입니다. 전국을 다니며 많은 분을 뵙는 것도 좋지만, 고정된 곳에서 배움에 열의가 있는 분들을 만나고 싶습니다. 그런 분들에게 제가 공부한 것들을 전해드리고 싶습니다.

행복한 죽음 웰다잉 연구소를 운영하는 입장에서도 장기적으로 외부에서 요청하는 교육만 진행할 수 없습니다. 국가 경제로 따지면 수출도 중요하지만 내수도 중요합니다. 수출에만 의존하다 보면 국제 정세에 쉽게 영향을 받습니다. 따라서 시류에 흔들리지 않도록 내수시장의 확보가 필요합니다. 이런 어려움을 코로나 때 가장 크게 겪었습니다. 찾아가는 교육의 의존도가 높다 보니, 외부 조건에 흔들려 운영의 어려움을 겪었습니다. 찾아가는 교육도 중요하지만, 찾아오는 교육의 필요성을 체감했습니다.

찾아가는 교육에만 집중할 경우 당장의 외연을 확장하기는 좋지만, 장기적으로 독자적인 교육을 진행할 수 있는 자구책을 세우는 것도 중요합니다. 그러기 위해서는 장소, 시간, 인력의 투자가 필요합니다. 그러나 큰 비용을 들여 서울에 공간을 임대하는 것은 현실적인 어려움이 있습니다. 또한 찾아가는 교육이 대부분을 차지하다 보니 찾아오는 교육을 정기적으로 진행하는 것도 쉽지 않습니다. 예산상의 이유로 함께 일할 분들을 찾는 것도 어렵습니다. 이와 같은 어려움을 이겨내 보고자 인터넷 교육을 통해 실험해 보았습니다.

네이버 스마트 스토어를 개설하여 녹화형 강의를 판매했습니다. 웰다잉 교육에 관심 있는 분들은 유튜브처럼 언제라도 교육을 들을 수 있게끔 온라인 교육 플랫폼을 제작하기도 했습니다. 매년 Zoom을 통해 실시간 온라인 웰다잉 학교를 진행했습니다. 그 결과 꽤 많은 분이 교육에 참여해 주셨습니다. 그러나 온라인 교육은 편의성이 높지만, 교육 종료 이후의 지속성이 어려웠습니다. 오프라인 공간이 존재하지 않으니 후속 스터디와 모임을 진행하는 것이 쉽지 않았습니다. 사람과 사람이 만날 수 있는 공간의 필요성을 절감합니다.

지금도 이와 같은 고민은 계속되고 있습니다. 독자적인 공간을 마련하여 웰다잉 교육에 관심 있는 분들이라면 언제든지 찾아와 함께 공부하고 이야기 나눌 수 있는 상설 학습공간을 꿈꿉니다. 웰다잉의 기초부터 중급, 심화 과정까지 교육생의 수준에 맞춰 참여할 수 있는 평생학습 시설, 기관을 꿈꾸고 있습니다. 또 웰다잉 교육을 통해 강사로 활동하길 희망하는 분들을 체계적으로 양성하고, 이에 대한 지속적인 사후관리와 보수교육을 진행할 수 있도록 지원하고자 합니다. 지역사회 유관기관 및 산학협력을 통하여 이론과 실제가 접목되어 보다 현실적인 웰다잉 교육 커리큘럼을 만들어가고 싶습니다.

아는 만큼 실천해야 합니다

저는 웰다잉 강사로 활동하기 전 노인복지관 사회복지사로 근무했습니다. 물론 지금은 사회복지기관에 종사하고 있지 않지만, 여전히 저는 소외되고 어려운, 사회적 약자의 편에 서는 사회복지사입니다. 정체성과 소명에는 변함이 없습니다. 노인복지관에서 퇴사하고 사회로 나와 보니, 꼭 사회복지사라는 직업뿐 아니라 자신이 살아가는 곳에서 각자의 모습으로 사람들을 돕는 이들이 있었습니다. 한 분 한 분의 활동이 기관 한 곳에 해당될 만큼 의미 있고 가치 있는 일이었습니다.

그래서 저도 제가 좋아하는 웰다잉 교육으로 사회복지를 실천하고 싶었습니다. 죽음 복지 향상을 위해 노력했습니다. 사회복지사가 되어 노인복지관에 입사할 때 제출했던 이력서 첫 줄에는 항상 다음과 같은 문구가 적혀 있었습니다. '누구나 인간다운 삶과 죽음을 누릴 수 있는 아름다운 세상을 꿈꾸며, 사회복지사 강원남입니다.'

사람들의 행복한 죽음을 돕고 싶었지만, 오늘날 한국 사람들의 죽음의 모습은 그렇지 못했습니다. 많은 이들이 힘들게 죽음을 맞았습니다. 아프게 죽어갔습니다. 15년 동안 전 세계에서 자살률이 가장 높은 나라입니다. 하루에 평균 30여 명이 스스로 삶을 마감합니다. 또 하루에 11명이 고독사로 삶을 마감합니다. 안전하지 못한 환경에서 무리하게 일을 하다 산업재해로 목숨을 잃습니다. 재난, 재해, 사고로 희생됩니다. 아픈 죽음들이 많습니다.

행복한 죽음 웰다잉 연구소를 개소했던 해, 세월호 사고가 있었습니다. 매일 이어지는 보도에, 사람들 앞에 서서 죽음을 입에 올리는 것조차 죄송했습니다. 웰다잉 교육 차 방문했던 복지관 인근에서 폭우로 침수된 지하차도 현장이 있었습니다. 수업을 마치고 돌아온 어느 날 밤에는 이태원에서 수많은 젊은이들이 쓰러져 숨을 거뒀습니다. 컵라면을 가방에 넣고 다니며 열심히 지하철역을 수리하던 청년과, 화력발전소에서 정직원을 꿈꾸며 성실하게 일했던 청년과, 앞으로의 꿈과 다짐을 노트에 적어두었던, 갓 고등학교를 졸업한 19살 청년이 제지공장에서 숨을 거뒀습니다. 폭우로 수

색 작업을 하던 해병대원이 사고로 목숨을 잃었습니다.

지금 이 글을 쓰는 중에도 안타까운 비행기 사고로 수많은 가족들이 슬픔을 겪고 있습니다. 그리고 늘 그랬듯, 언제까지 그들을 이야기할 거냐, 인제 그만 잊자는 이들이 목소리를 높였습니다. 유족들은 오히려 가해자가 되었습니다. 아무리 좋은 죽음을 위해 노력한다고 하더라도 사회적 재난으로 인하여 안타깝게 목숨을 잃는 이들이 점차 늘어나고 있습니다.

웰다잉의 목표는 자연사입니다. 온전히 제 목숨대로 살다가 죽는 자연사가 가장 이상적인 죽음입니다. 그러나 오늘날 자연사는 쉽지 않습니다. 과학기술의 발달로 죽음의 과정이 길어졌습니다. 생명 경시는 온전히 제 삶을 살아야 하는 생명을 단축하는 것도 문제지만, 제 삶을 다한 생명을 억지로 연장하는 것도 문제입니다. 그러다 보니 자연사가 쉽지 않은 시대입니다. 더불어 제명대로 살지 못하고 죽는 이들이 많습니다. 각종 재난 재해와 사고로 세상을 떠난 이들이 늘어나고 있습니다.

때로는 지금처럼 웰다잉 교육을 하고 다니는 게 무슨 의미가 있을까 싶을 만큼 안타까운 죽음이 있습니다. 마음이 무거워집니다. 삶의 모습이 거칠어지니 죽음의 모습도 거칠어집니다. 이런 삶과 죽음의 모습을 단순히 개인의 의지와 책임으로만 돌릴 수 없습니다. 밭에 씨앗을 뿌려 한두 개의 작물이 뿌리내리지 못한다면 그것은 씨앗의 문제입니다. 그러나 밭에 씨앗을 뿌려 많은 작물이 뿌리

내리지 못한다면 그것은 밭의 문제입니다. 좋은 씨앗을 심는 것도 중요하지만, 좋은 밭을 만드는 것도 중요합니다.

웰다잉의 근간은 잘 죽기 위해서는 잘 살아야 된다는 전제에서 출발합니다. 그러면 어떻게 사는 것이 잘 사는 것일까 의문이 듭니다. 이에 대해 철학자 소크라테스는 다음과 같이 말했습니다. '잘 사는 것과 아름답게 사는 것과 정의롭게 사는 것은 모두 한 가지 일이다.' 그러므로 잘 산다고 함은 약하고 소외된 이들의 편에 서서 그들의 이야기에 귀를 기울일 때 가능합니다. 이를 심리학적으로 분석하면 죽음불안과 관련이 있습니다. 40년 전 우리나라에 오신 유리베 신부님이 계십니다. 한국 이름도 스페인 이름과 비슷하게 '유의배'라고 지으셨습니다. 유의배 신부님은 40년 동안 어렵고 가난하고 소외된 한센인들을 보살펴 주셨습니다. 그래서 한센인들의 아버지라고 불립니다. 유의배 신부님의 방에는 다음과 같은 문구가 적혀 있다고 합니다. '살아 있는 동안 가난한 사람을 사랑하는 사람은 죽을 때 두려움이 없다.' 이타적인 사람은 죽음불안이 낮다는 연구 결과가 있습니다. 그만큼 우리가 잘 살고 잘 죽기 위해서는 이타적인 삶을 사는 것이 필요합니다.

웰다잉 강사로 활동하면서 직접적인 활동에 참여하지 못해도 소외되고 어려운 이들을 위해 작은 실천이라도 하자 생각했습니다. 목소리를 내자 다짐했습니다. 웰다잉 교육으로 사회복지를 하자는 뜻을 마음에 품었습니다.

인사동과 광화문에서 자살 예방 길거리 캠페인을 진행했습니다. 신문로 앞에서 자살 예방 보도 권고기준 준수를 촉구하는 1인 시위를 진행했습니다. 과도한 업무 때문에 스스로 목숨을 끊기까지 하는 사회복지사의 처우 개선을 위해 보건복지부 앞에서 1인 시위를 진행했습니다. 길거리에서 세월호 진실 규명을 위한 서명 운동에 참여했습니다. 연예인 자살이 증가하면서 무분별하게 보도되는 온라인 기사 확산을 막고자 자살 보고 권고기준 준수를 촉구하는 온라인 홍보물을 제작하고 캠페인을 진행했습니다. 서울시 무연고 사망자 공영 장례식 자원봉사 활동에 참가했습니다. 첫 책을 쓰면서 받게 된 한국출판문화산업진흥원의 지원금을 무연고 사망자 공영 장례 단체와 사별자 애도 모임에 후원했습니다. 이후로도 매년 교육 수익금의 일부를 무연고 사망자 공영 장례 단체, 사별자 애도 모임, 호스피스 완화의료 시설, 요양원, 채무로 어려움을 겪는 이들을 돕는 시민단체에 후원하고 있습니다. 지금까지 천만 원 정도를 후원했습니다. 약소한 금액이지만 그렇게라도 함께 하고 싶었습니다. 저의 후원을 통해 많은 분이 함께 관심 가져주시고 참여하길 독려하고 있습니다. 앞으로도 어떤 방식으로든 사회적 실천을 하기 위해 노력하고 있습니다.

실제로 웰다잉 교육을 하다 보면, 교육만으로 어르신들의 좋은 죽음을 도울 수 없다는 한계에 빠집니다. 아무도 돌봐주는 사람 없이 오랜 지병으로 혼자 지내는 어르신, 경제적 어려움으로 치료받을 돈조차 없는 어르신, 웰다잉은 오직 죽고 난 다음의 일일 뿐, 당장 생계가 막막해 어려움을 겪고 계신 어르신, 채무로 자살 시도를 하셨던 분들, 말기암 판정을 받고 임종이 다가왔지만, 호스피스로 들어가지 못해 어려움을 겪는 분들, 오랜 간병으로 깊은 우울증에 빠진 보호자들이 있습니다. 그분들의 이야기를 들으면 사회복지사로서, 웰다잉 강사로서 어떻게 도울 수 있는지 고민할 수밖에 없습니다. 삶의 복지만큼 죽음의 복지도 중요합니다.

그래서 저는 웰다잉 강사들이 이와 같은 사회적 현안과 안타까운 죽음에 관심을 가졌으면 좋겠습니다. 이에 대해 목소리를 높이고 사회적 활동에 함께 참여했으면 좋겠습니다. 미국의 작가 마크 트웨인은 다음과 같이 말했습니다. '교육은 모르는 것을 알도록 가르치는 것이 아니라 사람들이 행동하지 않을 때 행동하도록 가르치는 것이다.' 사람들이 소외되고 안타까운 죽음에 관심을 두지 않고 현실에 대해 행동하지 않을 때, 행동하도록 가르치는 것이 웰다잉 강사로서의 소명이라 생각합니다. 아는 만큼 실천하는 사람이 되기 위해 노력합니다.

변화하는 사회, 변화하는 웰다잉 교육

앞으로의 웰다잉 교육은 어떻게 변화할까요? 시대가 전례 없는

빠른 속도로 변화하고 있습니다. 삶이 변화하고 있습니다. 삶이 변함에 따라 죽음의 모습도 변화하고 있습니다. 의료 기술의 발달로 인간은 평균 수명은 늘어나고 있습니다.

그러나 우리나라의 출산율은 매년 줄어들고 있습니다. 노인의 숫자가 늘어나고 있습니다. 평균수명이 늘었지만, 건강수명은 줄어들었습니다. 투병하는 기간이 점점 더 늘어납니다. 돌봄의 영역이 개인에서 가족, 가족에서 사회로 점차 변화하고 있습니다. 가족이 해체되고 1인 가구가 늘어나고 있습니다. 가족이 있어도 홀로 맞는 죽음이 증가하고 있습니다. 장례와 애도, 추모를 점점 번거로운 절차로 치부합니다. 사람들은 종교에서 더욱 멀어지고 있습니다. 신을 마주하며 현세를 바랄 뿐, 내세를 말하지 않습니다. 안락사에 대한 요구가 늘어나고 있습니다. 사람 구실을 못 하면 차라리 죽는 게 낫다는 비관적인 생각이 늘어나고 있습니다.

한쪽에서는 살고자 하는 사람이 늘어나고, 한쪽에서는 죽고자 하는 사람이 늘어나고 있습니다. 이 간극은 부의 양극화로 점점 더 벌어지고 있습니다. 세계 2차 대전 이후로 전쟁은 계속 이어지고 있습니다. 인간의 환경파괴로 지구 온난화가 야기되고 이에 따른 기후변화는 자연재해를 불러일으키고 있습니다. 자연재해는 인간이 통제 불가능한 바이러스를 만들어가고 있습니다. 인류는 전염병, 바이러스로 인한 죽음에 위협을 받고 있습니다. 안타까운 희생자들이 늘어나고 있습니다. 점점 더 발달하는 과학기술에 따라 인공지능과 AI의 발달이 우리의 삶과 죽음을 어떻게 바꿔놓을지 예상되지 않습니다. 인간의 뇌를 로봇이나 인공지능에 이식하는 실험들도 이어지고 있습니다. 죽음의 모습이 점점 거칠어집니다. 삶의 변화가 급격하게 이루어지는 만큼 죽음의 변화도 급격하게 이루어지고 있습니다. 좋은 죽음, 웰다잉에서 점점 더 멀어지고 있습니다.

그러면 앞으로의 웰다잉 교육은 어떻게 나아가고 어떻게 바뀌어야 할까요? 조심스럽지만 저는 다음과 같은 부분이 중요해질 것으로 생각됩니다.

첫째, 가장 경계해야 할 부분은 죽음에 대한 비관적 태도입니다. 허무주의가 되어서는 안됩니다. 죽음이 해결책이 되어서는 안 됩니다. 생명이 소중한 이유는 살아 있는 모든 것은 언젠가 죽기 때문입니다. 어차피 다 죽을 터라는 자조가 죽음으로 이어져서는 안됩니다. 어차피 다 죽기 때문에, 모두가 죽기 때문에 우리는 삶을 더 단단하고 의미 있게 살아야 합니다. 죽음을 이야기하지 않는 삶은 거짓입니다. 더불어 삶을 이야기하지 않는 죽음도 거짓입니다. 삶의 결과가 죽음이어야 합니다. 죽음이 목적이 아닌 삶이 목적이 되어야 합니다. 그러므로 웰다잉 교육은 죽음에 대한 비관적 태도를 경계해야 합니다. 죽음을 공부해서 더 잘 살 수 있도록 도와야 합니다.

둘째, 웰다잉 교육은 앞으로가 중요합니다. 철학의 목표는 죽음을 공부하는 것입니다. 인문학을 공부하는 이유는 다음과 같은 세 가지 질문에 답하기 위해서입니다. '나는 누구인가?', '어떻게 살 것인가?', '어떻게 죽을 것인가?' 이 세 가지 질문에 대한 답은 죽음 앞에서 가장 정확하게 알 수 있습니다. 죽음 앞에서 진실한 나를 볼 수 있으며 죽음 앞에서 어떻게 사는 것이 가장 나다운 삶인지를 알 수 있습니다. 죽음 앞에서 어떻게 죽는 것이 가장 나다운 죽음인지를 알 수 있습니다.

웰다잉 교육, 즉 생사학은 죽음이란 무엇인가, 각자의 생사관을 만들어 나가는 과정이며, 죽음을 통해 어떻게 살아가야 할지, 또 잘 죽으려면 어떻게 준비해야 할지, 그 끝에 나의 삶과 나란 사람은 누구인지 살펴볼 수 있도록 돕습니다. 그래서 웰다잉 교육의 중요성은 시대가 바뀌어도 변화하지 않을 것입니다. 삶의 정체성이 모호해지는, 급격하게 변화하는 시대 속에서 가장 본질적인 핵심을 말해줄 것입니다.

셋째, 죽음의 문제는 더욱 복잡해질 것입니다. 의료와 과학기술의 발달로 죽음의 문제가 더욱 복잡다단해질 것입니다. 과거에는 죽음에 대한 의료적 정의가 호흡의 정지, 심장의 정지였습니다. 그러나 현대에 이르러 호흡과 심장이 살아 있지만, 뇌는 기능을 제대로 하지 못하는 뇌사를 과연 죽음으로 정의 내릴 것인가 문제에 봉착했습니다. 과거였다면 죽음을 맞이했지만, 의료 기술의 발달로 생명을 연장하게 되는 경우를 목격합니다. 생명의 시작과 끝을 어디로 볼 것인가에 대한 복잡하고 윤리적인 문제가 발생하고 있습니다. 이와 같은 혼란은 앞으로도 마찬가지일 것입니다.

죽음으로 가는 길은 점점 더 길어지고 복잡해질 것입니다. 그에 따라 많은 돈이 들 것입니다. 오스트리아의 시인이자 소설가인 라이너 마리아 릴케는 다음과 같이 말했습니다. '병원 침상에서 사람들이 죽어간다. 마치 공장 같다. 이런 대량생산에서는 개인의 죽음이 훌륭하게 처리될 수 없다.' 사전연명의료의향서, 연명의료결정제도의 취지와 같이 환자의 자기 결정권이 보장되지만, 그만큼 또 새로운 의료 기술이 나와 연명의료의 범위를 넘어설 것입니다. 이에 따른 윤리적 논쟁과 사회적 갈등, 그리고 경제적 논리가 상충하여 혼란을 불러일으킬 수 있습니다.

이러한 변화에 대응하기 위해 웰다잉 교육은 반드시 필요합니다. 시대의 변화를 감지하고, 그럼에도 불구하고 좋은 죽음, 인간다운 죽음의 가치를 놓치 않으며 죽음에 대해 함께 이야기 나누고 생각해 볼 수 있는 계기를 웰다잉 교육을 통해 마련해야 합니다.

넷째, 돌봄의 영역이 중요해집니다. 좋은 죽음은 좋은 돌봄을 통해 이루어집니다. 하지만 고령인구의 증가로 돌봄이 필요한 인구가 늘어나지만, 우리나라의 생애 말기 돌봄 인프라 수준은 낮은 편입니다. 직접적인 예로 무의미한 연명치료를 중단하는 대신 임종기 환자의 마지막 돌봄이 이루어지는 호스피스 완화의료 시설의 숫자는 절대적으로 부족합니다.

　그 결과 대부분의 임종 환자는 병원에서 임종을 맞이하지만, 충분한 돌봄 서비스와 인력, 공간이 마련되지 않아 대부분 중환자, 처치실, 큰 비용을 지불해야 하는 1인실에서 눈을 감습니다. 가족들 역시 환자의 임종이 다가올수록 어떻게 돌봐야 할지, 편안한 임종을 돕기 위해 무엇을 준비해야 하는지 상담하거나 도움받을 수 있는 곳이 없습니다. 어떻게 정보를 찾아야 할지도 알기 어렵습니다. 말기 환자 돌봄을 위한 간병인을 찾거나 간병제도를 활용하기도 요원합니다.

　따라서 임종기 환자의 돌봄에 대한 중요성이 높아질 것입니다. 또한 인권의 측면에서 임종기 환자의 알 권리와 자기 결정권이 보장받을 수 있도록 도와야 하며, 이에 대해 보호자, 관련 기관과 종사자 대상 교육도 함께 이루어져야 합니다. 그래서 웰다잉 교육은 돌봄의 영역에서도 앞으로 중요해질 것입니다.

　오래전 우리는 집에서 죽음을 맞이했습니다. 죽음은 집에 있었습니다. 집에서 태어나, 집에서 자라, 집에서 교육받고, 집에서 아이를 낳고, 집에서 부모님을 떠나보냈습니다. 그렇게 집에서 태어나 집에서 죽었습니다. 그 과정에서 자연스럽게 삶과 죽음을 공부할 수 있었습니다. 하지만 오늘날 우리는 병원에서 태어나 유치원에서 자라고 학교에서 교육을 받고 산부인과에서 아이를 낳고 병원에서 부모님과 이별하며 장례식장에서 떠나보냅니다. 우리의 삶에서 더 이상 탄생과 죽음을 바라볼 수 없습니다. 죽음에 대해 배우기가 쉽지 않습니다. 가르치는 곳을 찾기 어렵습니다. 그러므로 웰다잉 교육은 앞으로의 시대에 점점 더 중요해집니다. 시대가 변화한다 해도 여전히 사람들은 죽을 것입니다. 그리고 준비되지 못한 죽음은 계속 아프고 슬플 것입니다.

죽음을 얘기할 수 있는 '엔딩 책방'을 꿈꿉니다

의미 있는 실천을 하는 선배 사회복지사가 있습니다. 오랜 시간을 뜻있게 사람들을 도왔고, 실천해 온 내용을 많은 분들과 함께 나눴습니다. 많은 사회복지사가 그분의 강의를 듣고 지친 마음, 힘든 마음을 위로받으며 힘을 얻었습니다. 긴 시간 동안 바른 뜻을 세워 실천하는 모습을 보며 존경스러웠고, 저도 그런 사람이 되고 싶었습니다.

그러던 선배는 어느 날 책방을 차렸습니다. 사회복지 전문 책방이었습니다. 사회복지 관련 책을 함께 읽고 공부하며, 사회복지사들과 책을 쓰기도 했고, 뜻깊은 실천이 담긴 책을 판매했습니다. 그런 모습이 참 따뜻하고 부러웠습니다. 사회복지에 대해 마음껏 이야기 나누고 함께 꿈을 꿀 수 있는 책방, 그곳에서는 삶과 사람이 곧 책이 되었습니다.

어느 날 서울에 있는 한 대형 문고에 방문했는데, 한편에 책을 처방해 주는 코너가 있었습니다. 책을 처방해 준다는 게 무엇인가 싶어 살펴보니 사람들이 겪고 있는 문제와 어려움에 따라 책을 진열해 두었습니다. 예를 들면 우울할 때, 일이 잘 풀리지 않을때, 사람들과 갈등이 있을 때, 사랑하는 이와 이별했을 때, 어제보다 좀 더 나은 사람이 되고 싶을 때 등등 각자가 가지고 있는 어려움과 문제, 욕구에 따라 도서 큐레이터가 적합한 책을 추천해 주는 곳이었습니다. 물론 자신이 필요한 책을 스스로 고르는 것도 좋지만, 책을 미리 읽어본 전문가나 해설가가 같은 문제를 가지고 있는 이들에게 자연스럽게 추천해 주는 것도 좋아 보였습니다. 그런 모습을 보며 저도 죽음과 관련하여 책 처방을 해보고 싶다 생각이 들었습니다.

그렇게 저도 꿈을 꾸게 되었습니다. 상상 속에 그려본 이름은 '엔딩 책방'입니다. 죽음이라는 단어가 사람들에게 불편함을 주지 않을까 싶어 엔딩 책방이 되었습니다. 책방이 지향하는 바는 웰다잉입니다. 죽음, 그리고 웰다잉과 관련된 책을 읽을 수 있고 구입도 할 수 있는 곳입니다. 웰다잉, 죽음과 관련된 다양한 책들을 준비해 놓고 싶습니다. 죽음, 웰다잉, 사후세계, 사별 애도, 자살, 고독사, 안락사, 장례문화, 철학, 역사, 문학 속의 삶과 죽음, 종교 서적, 의료 현장에서의 죽음, 호스피스, 소설, 시집 등 죽음과 관련된 다양한 주제와 장르의 책을 전시해 놓고 싶습니다. 물론 판매도 할 수 있겠지요. 책은 역시 카페에서 잘 읽히는 것 같습니다. 그래서 책방 한

편에 작은 카페도 마련해 두려 합니다. 따뜻한 커피와 함께 죽음을 읽는 책방을 생각하니 상상만으로도 따뜻해집니다.

처음 오는 분들을 위해 책 처방도 함께 하고 싶습니다. '죽음이란 무엇인지 궁금하신 분', '죽고 난 다음에 사후세계가 궁금하신 분', '사랑하는 이와 사별하신 분', '강아지와 고양이를 떠나보내신 분', '우울증을 겪고 있는 분', '죽음과 관련된 만화책이 읽고 싶은 분' 등 다양한 주제와 욕구에 따라 책을 처방하고 추천해 드리고 싶습니다. 물론 그렇게 처방하기 위해서는 제가 미리 책을 읽고 좋은 책을 엄선해야겠지요. 이처럼 책을 통하여 사람들이 자연스럽게 삶과 죽음을 생각해 볼 수 있도록 돕고 싶습니다.

활동을 통해 자연스럽게 죽음에 대해 생각해 볼 수 있는 코너도 만들고 싶습니다. 테이블마다 웰다잉 카드를 비치해 두고 카드에는 죽음에 대한 질문을 적어 자연스럽게 죽음 이야기를 나눌 수 있도록 하고 싶습니다. 동주민센터의 민원 신청서처럼 각종 양식을 한쪽에 마련해 두고, 희망하는 사람은 언제든지 작성할 수 있도록 체험해 보는 공간을 마련해 놓고 싶습니다.

이를테면 내 삶을 돌아보는 인생 그래프, 내가 써보는 나의 부고 기사, 나의 마지막 순간 무의미한 연명의료에 대해 의사를 밝히는 사전연명의료의향서, 죽기 전에 반드시 해보고 싶은 버킷리스트, 내 마지막 뜻을 알리는 유언장, 내 장례식은 어떻게 치르고 싶은지 살펴보는 사전장례의향서, 빈칸 채우기로 작성하는 짧은 나의 자서전, 그리고 인간다운 마무리를 위한 나의 웰다잉 선언문, 내 삶을 긍정적으로 돌아보는 나에게 주는 상장을 써볼 수 있게끔 하고 싶습니다. 또 한편에는 종이관과 꽃으로 만든 예쁜 영정 사진 액자를 만들어 폴라로이드 사진을 찍을 수 있는 체험 부스를 만들고 싶습니다.

또 다른 곳에는 사랑하는 이들을 추모하며 꽃 한 송이와 함께 기도할 수 있는 추모 공간을 마련하고 싶습니다. 휴대폰에 저장되어 있는 고인의 사진을 작은 포토프린터로 출력하여, 사진을 붙이고 꽃을 올릴 수 있는 추모단을 만들고 싶습니다. 애도 상담가도 상주하여 사별의 고민과 슬픔을 함께 이야기 나눌 수 있도록 돕고 싶습니다. 상담은 꼭 사람뿐만 아니라 반려동물도 해당됩니다.

제가 진행하고 있는 웰다잉 학교를 상설로 운영하여 진행하고 싶습니다. 월마다 웰다잉, 죽음과 관련된 책을 함께 읽고 이야기 나누는 독서 모임, 죽음과 관련된 명사분들을 모시고 진행하는 토크 콘서트, 분기마다 진행되는 사별자 애도 모임, 고인을 떠올리며 함께 이야기 나누는 추모 콘서트, 최근 사별한 분들이 함께 모여 서로의 슬픔을 위로하는 사별자 자조 모임 등 다양한 모임을 진행해 보고 싶습니다. 그런 공간과 삶을 꿈꾸고 있습니다. 단지 책뿐 아닌 웰다잉, 죽음과 관련된 상설 문화공간을 운영하고 싶습니다. 아마 그것이 제 인생에서 가장 큰 버킷리스트가 아닐까 싶습니다.

저뿐 아니라 이런 공간들이 지역마다, 마을마다 생겼으면 좋겠습니다. 상시로 운영되었으면 좋겠습니다. 정부의 지원으로 운영되기보다 민간 단체에서 이런 활동이 진행되었으면 좋겠습니다. 처음부터 거창하고 반듯하게 시작하는 것이 아니라 작고 소박하게 지역사회에 뿌리내렸으면 좋겠습니다. 정부 지원으로 수천만 원의 예산을 쏟아부으며 보여주는 식으로 진행된 사업들을 많이 보았습니다. 하루에 이용자가 몇 명인지 실적만을 우선으로 진행되었습니다. 겉은 화려하지만, 지원이 끊기면 사업이 멈췄습니다. 자생적으로 이런 사업을 운영해 보고 싶습니다. 우리 일상에 뿌리내렸으면 좋겠습니다.

이렇게 삶과 죽음이 자연스러운 공간을 만들고 싶습니다. 죽음을 통해 삶을 살아갈 용기를 얻을 수 있는 공간을 만들고 싶습니다. 책을 통해 먼저 떠나간 인생 선배들의 이야기에 귀 기울일 수 있는 곳을 만들고 싶습니다. 삶이 지치고 힘겨울 때, 죽음을 통해 삶의 우선순위를 정하고, 번거로운 것을 내려놓고, 가볍게 앞으로 나아갈 수 있는 공간을 만들고 싶습니다. 떠나간 이들에 대해 마음껏 이야기 나누고 울고 웃으며 기억할 수 있는 공간을 만들고 싶습니다. 그런 공간을 채워나가기 위해서, 무엇보다 그곳에 맞는 사람이 되기 위해 노력하고 싶습니다. 그곳에 맞는 사람 책이 되고 싶습니다. 그러기 위해 많이 보고 듣고 배우며 손잡고 귀 기울이는 그런 사람으로 살아가고 싶습니다. 꿈을 이루기 위해 노력하겠습니다. 그래서 먼 훗날 그 공간에서 이 책을 읽는 독자들을 만났으면 좋겠습니다. 제가 만들어 낼 '엔딩 책방'에서 많은 분들과 아프지 않게 죽음을 이야기할 수 있기를 바랍니다.

에필로그: 그럼에도 불구하고

왜 이 일을 하느냐 묻습니다. 먹고 사는 일도 바쁜 세상에 굳이 죽음에 대한 이야기를 해야 하느냐 묻습니다. 아무래도 제가 웰다잉 교육을 하며 힘들고 어려웠던 일들만 이야기한 탓인 것 같습니다. 어려웠던 상황들 속에서도 제가 이 일을 하는 이유는 다음과 같습니다.

"이른 나이에 정년퇴직을 하고, 이제 무슨 일을 해야 할까 고민하던 차였습니다. 쉬는 것도 하루 이틀이고, 여행 다니는 것도 일 년이지. 막상 쉼의 기간이 끝나고 나니 앞으로의 삶을 어떻게 살아야 할지 고민이 되더라고요. 그러던 중에 우연히 구청 홈페이지에서 지역 주민들을 대상으로 하는 웰다잉 수업이 있다고 해서 신청했어요. 아내는 뭘 벌써 그런 수업을 듣느냐, 죽을 생각을 하느냐 면박을 줬지만 그래도 끌림이 있어 와봤어요. 수업을 다 듣고 나니 이런 수업이 지금 저에게 꼭 필요하다 생각이 들었어요. 살면서 잘 먹고 사는 이야기는 들어봤는데, 잘 죽는 이야기는 들어본 적이 없거든요. 죽음을 생각하니 은퇴 이후 앞으로의 삶을 어떻게 살아야 할지, 새롭게 인생 설계를 해볼 수 있는 시간이 되었습니다. 막연히 그래도 내가 왕년에, 소싯적에, 그런 자존심 같은 게 있었는데, 자존심보다는 자존감을 좀 높여야겠어요. 그리고 이제는 나를 위해서, 하루하루 감사하면서 그동안 베풀지 못하고 살았던 것도 좀 하면서 살아야겠어요."

"사실 그동안 살림하고 애들 먹여 살리느라 안중에도 없었어요. 살림 잘하면 됐지, 가족들을 위해서 참자. 희생하자. 내 이름 석 자로 산 게 아니라 누구 엄마, 누구 아내로만 살아왔어요. 그런데 복지관에서 웰다잉 수업에 참여하면서 나에 대해 돌아볼 수 있는 계기가 되었어요. 나는 누구인가, 나는 무엇을 좋아하는가, 내 삶은 어땠는가, 앞으로의 삶을 어떻게 살아야 할 것인가. 나도 나에 대해서 잘 몰랐더라고요. 웰다잉 수업을 들으면서 죽음을 생각해 보니, 나를 들여다볼 수 있는 계기가 되더라고요. 그동안에는 누구 아내, 누구 엄마로 살아왔다면 이제부터는 내 이름 석 자로 살고 싶어요. 조금 더 용기를 내야겠지만 배워보고 싶은 것도 배우고 나도 좀 아껴주고, 나를 위해서 살고 싶어요. 죽음을 공부하면서 나를 조금 더 찾게 되었어요."

"병원에서 말기암 판정을 받았어요. 자식들은 엄마 치료받아야 한다고 울고불고 난리를 치는데, 나는 싫다고 말했어요. 항암을 받으면 항암 후유증으로 힘들게 지내야 하고, 또 그거 받는다고 해도 나을 수 있다는 확신을 갖기도 어렵고, 내가 나이가 일흔이 넘었는데. 내 삶의 마무리를 그렇게 하고 싶지는 않다고 생각했어요. 그러던 중에 선생님 수업을 듣고 보니 잘한 선택이었다는 생각이 드네요. 아직은 크게 안 아프고 이렇게 여기저기 다니면서 잘 지내고 있어요. 연명치료 같은 건 하지 말라고 예전에 다 써놨고, 아프면 선생님 말대로 미리 알아봐서 호스피스 같은 데로 가려고요. 유산도 애들 싸우지 않게 미리 공증 받아놨어요. 사는 데까지 잘 살아볼게요."

"선생님 수업을 듣고 병원에서 누워 죽기만을 기다리던 오빠가 생각났어요. 코로나 때문에 면회도 안 돼서 얼굴도 못 본 지 오래되었거든요. 용기를 내어서 오빠를 집으로 모시고 왔어요. 햇볕이 잘 드는 거실 한편 침대 위에 오빠를 눕히고 미음을 곱게 쑤어 주자 넙죽넙죽 받아먹었어요. 며칠 지나니까 얼굴도 말개지고 환해지면서 살이 좀 오르더라고요. 다음 날 새벽에 쌔근쌔근 자면서 편하게 하늘나라로 갔어요. 감사합니다. 선생님 수업 덕분에 오빠의 마지막을 집에서 모실 수가 있었어요. 떠난 건 안타깝지만 마지막에 한 번이라도 품에 안고 보내줄 수 있어서 이제 여한이 없어요. 우리 오빠 참 열심히 살았거든요."

"웰다잉 수업을 듣고 이제야 어머니를 떠나보낸 것 같아요. 그동안은 어머니가 떠나가신 게 못내 마음이 아프고 속상했는데, 돌이켜 보니 어머니가 우리를 위해서 정말 잘 준비해 놓고 돌아가셨더라고요. 돌아가시기 한 달 전부터 방 정리, 주변 정리 다 해놓으시고, 참 정갈하셨어요. 곡기를 끊으셔서 정말 애가 탔는데, 돌아가시고 난 다음에 염할 때 보니 아주 얼굴이 환한 게 참 고우셨어요. 마지막에 어떻게 떠나느냐가 남은 사람들에게 추억이 될지, 괴로움이 될지 모른다고 말씀하셨잖아요. 애도는 죽음의 순간을 기억하는 게 아니라 그 사람의 삶 전체를 기억하는 것이라는 말씀에, 그렇지, 우리 어머니가 우릴 위해 살아오신 모습이 한눈에 그려지면서 참 잘 살다 가셨다는 생각이 들었어요. 해외로 멀리 이민 간 사람처럼, 지금은 사정 때문에 만날 수 없지만, 그곳에서 잘 살고 계신다고 믿어요. 저도 열심히 살다가 때가 되면 다시 어머니 만나러 가는 거죠. 웰다잉 수업 듣고 마음이 조금 편해졌어요."

언젠가 저의 웰다잉 수업을 표현하는 수식어들은 뭐가 있을까 생각이 들었습니다. 저는 다음과 같은 단어들을 선택했습니다.

힘든·지치는·외로운·슬픈·두려운·마음 아픈·상처받는·어려운·부끄러운·조심스러운·무기력한 웰다잉 수업을 하며 힘들 때도 있었습니다. 지칠 때도 있었습니다. 외롭고 또 슬펐습니다. 두렵기도 했습니다. 마음이 아플 때도 있었습니다. 상처받을 때도 있었습니다. 수업을 하면 할수록 어려웠고, 때론 부끄럽기도 했습니다. 죽음을 말하고 다니는 것이 조심스러웠습니다. 때론 세상을 떠나는 분들의 모습에 무기력했습니다. 눈물이 흘렀습니다. 한숨이 나왔습니다.

그렇지만 저는 다음과 같은 단어도 선택했습니다.

의미 있는 · 꼭 필요한 · 가치 있는 · 위로하는 · 살게 하는 · 함께하는 · 궁극적인 · 참 좋은 · 겸손해지는 · 가벼워지는 · 영적인

웰다잉 수업은 의미 있습니다. 꼭 필요합니다. 가치 있습니다. 죽음을 마주한 이들을 위로합니다. 삶의 마지막까지 잘 살게 합니다. 죽음을 앞둔 이들과 함께합니다. 삶의 진리를 이야기합니다. 참 좋습니다. 수업하면 할수록 겸손해집니다. 가벼워집니다. 물질적이기보다 영적인 수업입니다. 철학자 니체가 한 말입니다. '왜 살아야 하는지 아는 사람은 그 어떤 상황도 견딜 수 있다.' 저는 웰다잉 수업을 왜 해야 하는지 알게 되었습니다. 그러므로 힘들고 어려워도, 그럼에도 불구하고 계속할 수 있었습니다.

'상처 입은 자만이 다른 이의 아픔을 치유할 수 있다.' 정신분석의 대가인 칼 구스타프 융이 말했습니다. 상처 입은 치유자라는 표

현도 있습니다. 상처 입은 이들이 더 공감합니다. 더 귀 기울입니다. 더 직시합니다. 더 용기 내고 더 함께합니다.

저는 웰다잉 교육을 하면서 이 책을 읽는 분들보다 먼저 상처를 입었던 것 같습니다. 상처를 입었던 건 아마 처음 가는 길이라 부족하고 서툴렀기 때문일 것입니다. 하지만 상처들이 단단해지면서 이 책을 읽는 분들께 도움을 드릴 수 있어 기쁜 마음입니다. 이 책의 내용은 저의 생각과 활동을 바탕으로 쓰다 보니 부족하고 모자라기도 합니다. 넓은 마음으로 이해해 주시고, 품어주셨으면 합니다. 품어주신 만큼 저도 앞으로 너른 마음으로 세상을 품고 살아가겠습니다.

무엇보다 웰다잉 강사로 살아가면서 저는 이전보다 더 잘 살 수 있게 되었습니다. 그리고 웰다잉 강사로 활동하는 독자 역시 잘 살아가시리라 믿어 의심치 않습니다.

웰다잉 강사는 죽음을 통해 삶을 이야기하는 사람입니다.
웰다잉 강사는 웃으며 죽음을 이야기하는 사람입니다.
웰다잉 강사는 행복한 죽음을 돕는 사람입니다.
웰다잉 강사는 죽음을 통해 잘 살 수 있도록 돕는 사람입니다.
웰다잉 강사는 죽어가는 이들의 이야기에 귀를 기울이는 사람입니다.

웰다잉 강사는 함께 눈물 흘리는 사람입니다.

웰다잉 강사는 죽어가는 이들과 함께하는 사람입니다.

웰다잉 강사는 아프게 죽어가는 이들을 위해 목소리 높이는 사람입니다.

웰다잉 강사는 그럼에도 불구하고 왜 살아야 하는지 말해주는 사람입니다.

웰다잉 강사는 꼭 필요한 일을 하는 사람입니다.

웰다잉 강사는 생명의 존엄함을 지켜나가는 사람입니다.

웰다잉 강사는 그러므로 잘 살아가는 사람입니다.

웰다잉 교육 체크리스트

의뢰 일시	년 월 일	교육 의뢰 기관	
기관 주소		의뢰인 성명	
의뢰인 연락처		의뢰인 이메일	
강의 요청 일시	월 일 시 ~ 시	교육 장소	
교육 대상		강사비	
요청 서류	☐강의 계획서 ☐이력서 ☐자격증 사본 ☐통장 사본 ☐신분증 사본 ☐범죄확인동의서 ☐기타		
강의 유형	☐ 1회성 특강 ☐ ( )회기 프로그램		
강의 요청 주제			
강의 제목			
강의 목적			
강의 목표			
강의 내용			
필요 기자재			
강의 준비물			
비고			

처음 웰다잉 강의를 시작할 때 위의 체크리스트를 확인한다면 교육 준비에 도움이 될 수 있습니다.

웰다잉 강의를 위한 추천 도서

· 강원남 지음, 『누구나 죽음은 처음입니다』, 메이드인, 2020.

· 강원남 지음, 『괜찮아, 어차피 다 죽어』, 메이드인, 2023.

· 고선규 지음, 『여섯밤의 애도』, 한겨레출판, 2021.

· 권석만 지음, 『삶을 위한 죽음의 심리학』, 학지사, 2019.

· 구미래 지음, 『존엄한 죽음의 문화사』, 모시는 사람들, 2015.

· 김민석 지음, 『애도하는 게 일입니다』, 지식의 숲(넥서스), 2023.

· 김범석 지음, 『어떤 죽음이 삶에게 말했다』, 흐름출판, 2021.

· 김새별 지음, 『떠난 후에 남겨진 것들』, 청림출판, 2015.

· 김완 지음, 『죽은 자의 집 청소』, 김영사, 2020.

· 김주완 지음, 『줬으면 그만이지』, 피플파워, 2023.

· 김지수·이어령 지음, 『이어령의 마지막 수업』, 열림원, 2021.

· 김진영 지음, 『아침의 피아노』, 한겨레출판사, 2018.

· 김형숙 지음, 『도시에서 죽는다는 것』, 뜨인돌출판사, 2013.

· 김희경 지음, 『에이징 솔로-혼자를 선택한 사람들은 어떻게 나이 드는가』, 동아시아, 2023.

· 레이먼드 A. 무디 주니어 지음, 『다시 산다는 것』, 행간, 2007.

· 박완서 지음, 『한 말씀만 하소서』, 세계사, 2004.

· 박중철 지음, 『나는 친절한 죽음을 원한다』, 홍익출판미디어그룹, 2022.

· 박희병 지음, 『엄마의 마지막 말들』, 창비, 2020.

· 비류잉 지음, 『단식존엄사』, 글항아리, 2024.

· 빅터 프랭클 지음, 『죽음의 수용소에서』, 청아출판사, 2005.

· 서혜경 지음, 『노인죽음학개론』, 경춘사, 2009.

· 석동연 지음, 『아빠를 위하여』, 북로그컴퍼니, 2019.

· 셸던 솔로몬·제프 그린버그 지음, 『슬픈 불멸주의자』, 흐름출판, 2016.

· 손영순 까리따스 수녀 지음, 『죽음에게 물었더니 삶이라고 대답했다』, 마리아의 작은 자매회, 2019.

· 송병기 지음, 『각자도사 사회』, 어크로스, 2023.

· 아서 프랭크 지음, 『아픈 몸을 살다』, 봄날의 책, 2017.

· 엘리자베스 퀴블러 로스 지음, 『죽음과 죽어감』, 청미, 2018.

· 오진탁 지음, 『죽음, 삶이 존재하는 방식』, 청림출판, 2003.

· 이이정 지음, 『죽음학 총론』, 학지사, 2011.

· 이창재 지음, 『후회 없이 살고 있나요?』, 수오서재, 2015.

· 임경희 지음, 『그림책으로 배우는 삶과 죽음』, ㈜학교도서관저널, 2021.

· 유영규 외 지음, 『간병살인 154인의 고백』, 루아크, 2019.

· 윤영호 지음, 『나는 한국에서 죽기 싫다』, 엘도라도, 2014.

· 정극규·윤수진·손영순 지음, 『알기 쉬운 임상 호스피스 완화의료』, 마리아의 작은
  자매회, 2016.

· 정현채 지음, 『우리는 왜 죽음을 두려워할 필요 없는가』, 비아북, 2018.

· 진중권 지음, 『춤추는 죽음 1·2』, 세종서적, 2005.

· 텐도 아라타 지음, 『애도하는 사람』, 문학동네, 2014.

· 파드마 삼바바 지음, 『티벳사자의 서』, 정신세계사, 1995.

· 하시즈메 다이사부로 지음, 『죽기 전에 봐야 할 사후 세계 설명서』, 불광출판사,
  2022.

· 한국죽음학회 지음, 『한국인의 웰다잉 가이드라인』, 대화문화아카데미, 2011.

· 홍영아 지음, 『그렇게 죽지 않는다』, 어떤 책, 2022.

· EBS MEDIA 지음, 『EBS 다큐프라임 죽음』, 책담, 2014.

· KBS 블루베일의 시간 제작팀 지음, 『블루베일의 시간』, 북폴리오, 2015.

웰다잉 강의를 위한 추천 영화

한국영화

· 김록경, 〈잔칫날〉, 2022.

· 허진호, 〈8월의 크리스마스〉, 1998.

· 이창동, 〈밀양〉, 2007.

· 신아가 · 이상철, 〈밍크코트〉, 2011.

· 정재은, 〈말하는 건축가〉, 2011.

· 남택수, 〈뜨거운 안녕〉, 2013.

· 이한, 〈우아한 거짓말〉, 2013.

· 진모영, 〈님아, 그 강을 건너지 마오〉, 2014.

· 이창재, 〈목숨〉, 2014.

· 이소현, 〈할머니의 먼 집〉, 2015.

· 임정하·전일우·박형준, 〈뚜르, 내 생애 최고의 49일〉, 2016.

· 이재용, 〈죽여주는 여자〉, 2016.

외국영화

· 가와세 나오미, 〈소년, 소녀 그리고 바다(2つ目の窓)〉, 2014.

· 가와세 나오미, 〈앙:단팥 인생 이야기(あん)〉, 2015.

· 구로사와 아키라, 〈이키루(生きる)〉, 1952.

· 고레에다 히로카즈, 〈원더풀 라이프(ワンダフルライフ)〉, 1998.

· 나카노 료타, 〈행복 목욕탕(湯を沸かすほどの熱い愛)〉, 2016.

· 나티 바라츠, 〈환생을 찾아서(The Baby And The Buddha)〉, 2008.

· 난니 모레티, 〈아들의 방(La Stanza del Figlio)〉, 2001.

· 도리스 모리, 〈사랑 후에 남겨진 것들(Kirschblüten - Hanami)〉, 2008.

· 라나 워쇼스키 감독, 〈클라우드 아틀라스(Cloud Atlas)〉, 2012.

· 로브 라이너, 〈버킷 리스트:죽기 전에 꼭 하고 싶은 것들(The Bucket List)〉, 2007.

· 리 언크리치 , 〈코코: 죽은 자들의 세상(Day of the Dead: A Celebration of

Life)〉, 2017.

· 마미 스나다, 〈엔딩 노트(Ending Note)〉, 2011.

· 마이클 레삭, 〈카드로 만든 집(House of Cards)〉, 1993.

· 미카엘 하네케, 〈아무르(Amour)〉, 2012.

· 빈센트 워드, 〈천국보다 아름다운(What Dreams May Come)〉, 1998.

· 산제이 릴라 반살리, 〈청원(Guzaarish)〉, 2010.

· 스튜어트 하젤딘, 〈오두막(The Shack)〉, 2017.

· 스티븐 바우터루드,〈테스와 보낸 여름(My Extraordinary Summer with Tess)〉, 2019.

· 알레한드로 아메나바르, 〈씨 인사이드(Mar adentro)〉, 2004.

· 오쿠야마 히로시, 〈나는 예수님이 싫다(僕はイエス様が嫌い)〉, 2019.

· 우베르토 파솔리니, 〈스틸 라이프(Still Life)〉, 2013.

· 이마무라 쇼헤이, 〈나라야마 부시코(楢山節考)〉, 1983.

· 줄리앙 슈나벨, 〈잠수종과 나비(Le scaphandre et le papillon)〉, 2007.

· 찰리 맥도웰, 〈디스커버리(The Discovery)〉, 2017.

· 케네스 로너건, 〈맨체스터 바이 더 씨(Manchester by the Sea)〉, 2016.

· 클린트 이스트우드, 〈밀리언 달러 베이비(Million Dollar Baby)〉, 2004.

· 타키타 요지로, 〈굿바이(おくりびと)〉, 2008.

· 테아 샤록, 〈미 비포 유(Me Before You)〉, 2016.

· 페드로 알모도바르, 〈룸 넥스트 도어(The Room Next Door)〉, 2024.

· 프랑스와 오종, 〈타임 투 리브(Le temps qui reste)〉, 2005.

· 피트 닥터, 〈소울(Soul)〉, 2020.

· 하라 케이이치, 〈컬러풀(Colorful)〉, 2010.

· 하야카와 치에, 〈플랜 75(PLAN 75)〉, 2022.

· 허안화, 〈심플라이프(桃姐)〉, 2011.

· 후안 안토니오 바요나, 〈몬스터 콜(A Monster Calls)〉 , 2016.

웰다잉 강의를 위한 추천 다큐멘터리

늘봄미디어, 〈어떻게 죽을 것인가: 1부, 연명이라는 셔틀버스〉, 2024, https://nuly.do/Fknp

늘봄미디어, 〈어떻게 죽을 것인가: 2부, 어디서 죽을 것인가〉, 2024, https://nuly.do/kTCc

늘봄미디어, 〈죽음에 말을 걸다: 1부, 죽음에서 멀어지다〉, 2024, https://nuly.do/GB6h

늘봄미디어, 〈죽음에 말을 걸다: 2부, 죽음에게 다가가다〉, 2024, https://nuly.do/XbPf

EBS, 〈EBS 다큐프라임 33분마다 떠나는 사람들〉, 2013, https://nuly.do/RGHj

EBS, 〈EBS 다큐프라임 천장(天葬)〉, 2013, https://nuly.do/qg23

EBS, 〈EBS 다큐 프라임: 내 마지막 집은 어디인가〉, 2024, https://nuly.do/sYph

EBS, 〈EBS 다큐프라임 생사탐구대기획 3부작 Death〉, 2014, https://nuly.do/a4gs

KBS, 〈KBS 파노라마 70회: 우리는 어떻게 죽는가〉, 2013, https://nuly.do/LVh4

KBS, 〈KBS 파노라마 72회: 블루베일의 시간〉, 2013, https://nuly.do/BJ78

KBS, 〈다큐3일: 대화 – 추모공원 72시간〉, 2013, https://nuly.do/5ogV

KBS, 〈KBS 파노라마: 한국인의 죽음 고독사〉, 2014, https://nuly.do/ne9D

KBS, 〈KBS 파노라마: 신의 뇌〉, 2014, https://nuly.do/4mUj

KBS, 〈KBS 스페셜 577회: 앎〉, 2016, https://nuly.do/eA2m

KBS, 〈KBS 스페셜: 죽음이 삶에 답하다〉, 2018, https://nuly.do/7vUW

KBS, 〈거리의 만찬 52회: 메멘토 모리〉, 2019, https://nuly.do/UPFc

KBS, 〈생로병사의 비밀 707회: 죽음이 삶에게 보내는 편지〉, 2019, https://nuly.do/3dmb

KBS, 〈다큐인사이트: 너의 장례식을 응원해〉, 2020, https://nuly.do/J3Yv

KBS, 〈다큐3일: 바다로 가다 – 인천 해양장례식 72시간〉, 2021, https://nuly.do/jbvw

KBS, 〈시사기획 창 320회: 자살 생존자〉, 2021, https://nuly.do/QByP

KBS, 〈추적 60분: 죽어야 보이는 사람들 - 2021 청년 고독사 보고서〉, 2021, https://nuly.do/r2ci

KBS, 〈추적 60분: 나는 효녀가 아니다 - 청년, 간병〉, 2021, https://nuly.do/WDh8

KBS, 〈생로병사의 비밀 820회: 가장 아름다운 삶의 완성〉, 2022, https://nuly.do/9RGp

KBS, 〈시사기획 창 390회: 디지털 인류, 영생을 선택하다〉, 2022, https://nuly.do/xiqd

MBC, 〈MBC 스페셜 747회: 마지막 선택, 아름다운 마무리〉, 2017, https://nuly.do/fpdr

MBC, 〈MBC 스페셜 730회: 소년 앙뚜 - 고승의 환생〉, 2017, https://nuly.do/A7dp

MBC, 〈MBC 스페셜: 내가 죽는 날에는〉, 2019, https://nuly.do/JEgi

MBC, 〈MBC 스페셜 834회: 특집VR다큐멘터리 너를 만났다〉, 2020, https://nuly.do/cY1b

MBC, 〈창사 60주년 특집 다큐멘터리: 이용마의 마지막 리포트〉, 2021, https://nuly.do/CdTz

MBC, 〈PD수첩 1410회: 나의 죽음에 관하여〉, 2024, https://nuly.do/ig8Z

SBS, 〈생로병사의 비밀 605회: 나눔의 기적 장기기증〉, 2016, https://nuly.do/N979

SBS, 〈SBS 스페셜: 가족끼리 왜 이래?〉, 2015, https://nuly.do/bp8u

SBS, 〈그것이 알고 싶다 1202회: 예기치 못한 고백 - 간병살인을 말하다〉, 2020, https://nuly.do/z5qQ

SBS, 〈SBS 스페셜: 불멸의 시대〉, 2021, https://nuly.do/KhA7

웰다잉 강의를 위한 단체 및 사이트

각당복지재단: https://kakdang.or.kr

국가암정보센터: https://www.cancer.go.kr

국가통계포털: https://kosis.kr

국가트라우마센터: https://www.nct.go.kr

국립암센터: https://www.ncc.re.kr

국립연명의료관리기관: https://lst.go.kr

나눔과나눔: http://goodnanum.or.kr

대한웰다잉협회: http://www.daehanwelldying.org

마음애터 협동조합: http://www.maume.net

메리골드 애도센터: https://marigoldgroup.imweb.me

메리포터 호스피스 영성연구소: http://www.marypotterkorea.com

모리와 함께: http://www.withmorrie.com

목인박물관 목석원: http://www.mokinmuseum.com

무연고 사망자 온라인 애도공간: https://remember.goodnanum.or.kr

보건복지부 국립장기조직혈액관리원: https://www.konos.go.kr

㈜사전의료의향서 실천모임: http://www.sasilmo.net

서울대학교병원 완화의료·임상윤리센터: https://hospice.snuh.org

서울시복지재단: https://www.welfare.seoul.kr

옥스퍼드 휴먼즈: https://www.youtube.com/@oxfordhumans

웰다잉 문화운동: https://www.youtube.com/@welldying

자살예방교육: https://edu.kfsp.or.kr

정현채 교수의 죽음학 카페: https://cafe.naver.com/talkdeath2live

중앙호스피스센터: https://hospice.go.kr

한국보건사회연구원 보건복지데이터포털: https://data.kihasa.re.kr

한국생명존중희망재단: https://www.kfsp.or.kr

한국장례문화진흥원: https://www.kfcpi.or.kr

한국죽음교육협회: https://kode.re.kr

한국싸나톨로지협회: https://www.thana-edu.net

한림대학교 생사학 연구소: https://www.lifendeath.or.kr

행복한 죽음 웰다잉 연구소: https://well-dying.kr

ADEC: https://www.adec.org/default.aspx

e하늘정보장사시스템: https://www.15774129.go.kr

The Art of Dying Well: https://www.artofdyingwell.org

Talk Death: https://talkdeath.com

참고 문헌

강원남 지음, 『괜찮아, 어차피 다 죽어』, 메이드인, 2023.

강원남 지음, 『누구나 죽음은 처음입니다』, 메이드인, 2020.

권석만 지음, 『삶을 위한 죽음의 심리학』, 학지사, 2019.

김옥라 외 지음, 『죽음준비교육 20강』, 샘솟는기쁨, 2021.

김지수·이어령 지음, 『이어령의 마지막 수업』, 열림원, 2021.

서혜경 지음, 『노인죽음학개론』, 경춘사, 2009.

알폰스 데켄 지음, 『잘 살고 잘 웃고 좋은 죽음과 만나다』, 예감, 2017.

알폰스 데켄 지음, 『죽음을 어떻게 맞이할 것인가』, 궁리, 2002.

양준석 외 지음, 『생사학 워크북1』, 솔트앤씨드, 2023.

엘리자베스 퀴블러 로스 지음, 『죽음과 죽어감』, 청미, 2018.

오진탁 지음, 『죽음, 삶이 존재하는 방식』, 청림출판, 2004.

유경 지음, 『유경의 죽음준비학교』, 궁리, 2008.

이이정 지음, 『죽음학 총론』, 학지사, 2011.

양준석 외 지음, 『생사학 워크북1』, 솔트앤씨드, 2023.

조벽 지음, 『강의의 정석』, 해냄, 2023.

웰다잉 강의 잘하는 법

초판 1쇄 발행   2025년 2월 24일

지은이   강원남
펴낸이   서재필

펴낸곳   마인드빌딩
출판등록   2018년 1월 11일 제395-2018-000009호
이메일   mindbuilders@naver.com

ISBN ISBN 979-11-92886-75-6 (03330)

마인드빌딩에서는 여러분의 투고 원고를 기다리고 있습니다. 출판하고 싶은 원고가
있는 분은 mindbuilders@naver.com으로 기획 의도와 간단한 개요를 연락처와
함께 보내주시기 바랍니다